CLARENDON GERMAN SERIES

General E...

D1215559

ROBE... MUSIL

THREE SHORT STORIES

CLARENDON GERMAN SERIES

Under the general editorship of P. F. GANZ
Fellow of Hertford College
Reader in German in the University of Oxford

———

FRANZ KAFKA: SHORT STORIES
CARL ZUCKMAYER: THREE STORIES
WILHELM RAABE: UNRUHIGE GÄSTE
BERTOLT BRECHT: SELECTED POEMS
F. DÜRRENMATT: DIE PANNE AND DER TUNNEL
G. E. LESSING: LAOKOON
CH. M. WIELAND: DER PROZESS UM DES ESELS
SCHATTEN
ANNETTE VON DROSTE-HÜLSHOFF: POEMS
GOETHE: THREE TALES
GERHART HAUPTMANN: VOR SONNENAUFGANG
GOTTFRIED KELLER: TWO STORIES
RAINER MARIA RILKE: SELECTED POEMS
HEINRICH HEINE: ATTA TROLL,
EIN SOMMERNACHTSTRAUM
DEUTSCHLAND, EIN WINTERMÄRCHEN
SEVENTEEN MODERN GERMAN SHORT STORIES
JEAN PAUL: SCHMELZLES REISE NACH FLÄTZ
HERMANN BROCH: SHORT STORIES
FRIEDRICH HÖLDERLIN: DER TOD DES EMPEDOKLES
HUGO VON HOFMANNSTHAL: FOUR STORIES
CARL STERNHEIM: BÜRGER SCHIPPEL
GOTTFRIED BENN: SELECTED POEMS

Other volumes in preparation

ROBERT MUSIL

Three Short Stories

edited by

HUGH SACKER

Visiting Scholar, University of Newcastle, N.S.W.

OXFORD UNIVERSITY PRESS

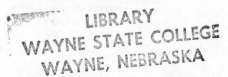

Oxford University Press, Ely House, London W.1

GLASGOW NEW YORK TORONTO MELBOURNE WELLINGTON
CAPE TOWN DELHI IBADAN DAR ES SALAAM LUSAKA ADDIS ABABA
BOMBAY CALCUTTA MADRAS KARACHI LAHORE DACCA
KUALA LUMPUR SINGAPORE HONG KONG TOKYO

For ANN

First published 1970
Reprinted 1975

MADE AND PRINTED IN GREAT BRITAIN BY
COMPTON PRINTING LIMITED
AYLESBURY

CONTENTS

Frontispiece: Robert Musil: *Photographs by courtesy of Robert Musil Archiv, Klagenfurt.*

ACKNOWLEDGMENTS

My thanks are due to many people: in particular Ann Snow first drew my attention to Musil's stories; Karl Corino, Karl Dinklage, Ernst Kaiser, Gaetano Marcovaldi, Otto Rosenthal and Eithne Wilkins all spent valuable time initiating an outsider into the study of Musil; Valerie Hall and Josephine Mayer joined in detailed analysis of *Die Amsel* for most of a term; John Stowell and D. G. Mowatt talked over the Introduction; Gerhard Schulz reminded me of some literary allusions; Alfred Barthofer and Ingrid Griephan helped with a first version of the notes, which was added to by F. Jackson; Eleonore Mead typed the manuscript and offered many useful comments; Alma Davies helped with proof reading.

H.D.S.

LIFE AND WORK

A. *Background, childhood and early education (1880–1903)*

Robert Musil was born on 6 November 1880 into the prosperous and well-established bourgeoisie which administered the rambling, inconsequential, conservative and cultivated Austro-Hungarian empire. His immediate forebears and older relatives had mostly followed honourable and secure careers in one branch or another of the public service (including the judiciary and the armed forces), though a few had struck out for themselves; among the more distinguished were a grandfather who helped build, and then directed, the first (horse-drawn) railway in Europe, an uncle who commanded a brigade and was ennobled on his resignation from the army in 1896, and a twelve years older cousin, Alois Musil, who in the first quarter of the twentieth century achieved lasting fame as an explorer in and writer about Arabia and Mesopotamia. Robert's father, Alfred, after a thorough theoretical and practical training as a mechanical engineer, was at the time of his son's birth on the senior staff of a machine factory at Klagenfurt, which however he left within a year; from 1882 to 1890 he directed a newly expanded Technical School in Steyr, and finally for 27 years held the Chair of Mechanical Engineering in the Technical University of Brünn (Brno). On retirement in 1917 he too was ennobled (just in time, before the Empire collapsed, his son becoming officially Robert Edler von Musil), and continued to teach at the University until his death in 1924. The father was active and industrious in his professional life, patenting some minor inventions as well as publishing a number of textbooks, and, according to his son, only felt disappointed that he did not get called to one of the universities of inner Austria (Vienna or Graz) where he had grown up.

Like other people Robert spent much of his life and work trying to come to terms, directly or indirectly, with the society into which he was born, and with his parents. It seems from his notebooks that he thought of his father as precise, rationalistic, respectful of authority, unable to assert himself: ultimately a failure, redeemed only by the stoic reserve of the few months which intervened between his wife's death and his own (both parents were, perhaps surprisingly, without religion). The wife was more assertive, temperamental, and liable to nervous, almost hysterical, collapses. In the year after Robert's birth, she formed an attachment to a teacher called Heinrich Reiter who permanently joined their household, so that a ménage à trois existed for some forty years with each member allowed a considerable amount of independence. It was in this apparently not very heart-warming atmosphere, and chiefly in the small town of Steyr, though within visiting distance of some of his mother's relatives, that Robert spent his first eleven years. Despite the decent reticence he later maintained about the parental establishment, it is clear that one of the boy's chief worries was never quite knowing what went on between his elders, but feeling decidedly out of it, whatever it was. An only son (a sister had died at ten months before he was born), he was left very much to himself, and in later years recalled hours of melancholic brooding in his room, of trance-like gazing out of his window.

Perhaps as a result of a situation in which, to put it positively, he was freed from emotional enticements to conform, Robert developed a mind and will of his own, and from the age of five or so fought his mother's periodic assertions of authority so successfully that when just 12 he was sent, with his own approval, to a boarding school: first to a junior army cadet school at Eisenstadt, and then to a senior one at Weißkirchen (Hranice). At the time this step seems to have appealed to the streak of ambition that was always in him, but he later remembered these institutions with horror, as primitive both in their living conditions (he wondered if his later obsession with cleanliness derived from them—though the clue to an earlier origin in parental fastidiousness and disgust is given in his novel *Törleß*, p. 40[1]) and in their parade-ground approach to education.[2] However, Robert was well able to hold his own, both with other boys and in his studies, throughout his schooling: whatever may have been the state of his inner sensibilities (he suffered all his life from bouts of nervous illness), he regularly came out towards the top of the class, and wrestled successfully with other boys when required, inaugurating indeed a lifetime's concern with the training of his body, of the strength and fitness of which he was in middle years not inconsiderably proud.

In accordance with the cadet school's primary objective of turning out army officers, Robert proceeded in 1897 to the military Technical Academy at Vienna, but within three months had persuaded his father to let him give up this career and change to the study of mechanical engineering at the father's Technical University in Brno: as he had not been content with home life at the age of 12, so he was not content with the prospects of an army career at 17. He stayed in Brno for three years (1898–1901), passing the two State examinations in engineering, and for one further obligatory year of military service, after which he was appointed in the normal way a Lieutenant of the Reserve. However, this stage of his development, in which he aimed at a career much like his father's, came to an end with twelve months

---

[1] All Musil references are to his collected works as edited by Adolf Frisé for the Rowohlt Verlag.

[2] Like all his works, *Törleß*, although autobiographical in a sense, being set in such a school, makes no claim to historical accuracy, in particular apparently elevating the general tone of the place in order to provide a suitable background for the remarkable minds and actions of the small group of boys on whom the spotlight is directed.

(1902–3) in a junior post at a mechanical engineering Institute of the Technical University in Stuttgart, during which he published a couple of popular treatises on engineering subjects: it seems that he had cherished the common adolescent hope that one particular group of men (qualified engineers in his case) would be above the weaknesses of their fellows—and, once disillusioned, felt the need to strike out for himself from scratch. That he did not lack the necessary practical skill was demonstrated by his invention several years later of an improved chromatometer: a delicate piece of apparatus needed by his Berlin art-historian and psychologist friend Allesch for experiments on the perception of light and colour. It sold in small numbers for years to come.

B. *Beginnings as a writer* (Törleß, Vereinigungen) *and marriage (1903–11)*

In Stuttgart Musil began the short novel, *Die Verwirrungen des Zöglings Törleß*. Doubtless he continued remodelling it until its publication in 1906, but he later claimed it was written in the first place casually and easily, without much preparation, in his spare time and because he was bored. However, literary aspirations go back before this: from the time of his first studies at Brno at the age of 18 there survives the earliest of the multitudinous notebooks he kept, somewhat irregularly, right until his death; in them clinical records of his life and thoughts are combined with, and to a frequently indecipherable extent preformed into, literary sketches and plans for his fictional writings. The very first entries contain ideas for a novel *Monsieur le vivisecteur*, and then (after *Törleß*) in both 1905 and 1910 there occur whole pages in which the relationships between him and his (servant-girl) mistress Herma Dietz, his friends Johannes von Allesch and Gustav Donath, and the latter's wife Alice, are analysed and used as the basis for fiction—out of which developed a decade or more later first the short story *Tonka* and then his major work *Der Mann ohne Eigenschaften*.

From 1898 on Musil had begun serious reading, which he continued all his life; though, as he was a slow reader, he later read to some extent through the medium of his wife, with whom he discussed everything, and who read a great deal for him. He concentrated at least as much on philosophical and theoretical writing as on pure literature, and showed a preference for late nineteenth-century or contemporary works. Nietzsche was a major influence; in him, and to a lesser extent in Emerson, Musil found models for endless enquiry into the nature of experience, for desperate hope in the possibility of mankind's spiritual progress, and for intense belief in the role of the artist as renewer of society. Dostoievsky's religious, sociological and pathological probing made a deep appeal, and at least as a young man Musil was also attracted by Maeterlinck's poetical mysticism. Such writers developed his early tendency to observe and reflect, not so much on the supposedly objective reality of the external world, as on man's apprehension and structuring of this reality. In this way all experience became 'material' to him, material to be thought over and used, which had little significance in the normal course of events but which he wanted to re-form, in order to help create, through his works, a Utopia of the human spirit, which he believed might actually come to pass in the future. Only serious artists, particularly writers, could be expected to assist mankind towards such a goal; such a writer he gradually decided he wanted to be.

Die Verwirrungen des Zöglings Törleß (1906) was the first crucial step, and though it is both a very slight and a decidedly immature work, its intensity is still impressive today. The events around which it is constructed concern two boys at a military cadet boarding-school who, finding that a fellow member of the class is in their power, deliberately set out to see how far they can go with him. The success of the work on first publication doubtless depended in part on the element of scandal: although both boys are members of the upper middle class, and although the school clearly suggests the one at Weißkirchen (one of the most reputable in Austro-Hungary), the two stop at neither overt homosexuality nor brutal flogging. Yet these shocking events are not related for their own sake, and their obvious immorality is not the point at issue; what Musil is interested in is their significance for the hero, young Törleß, a fourth member of the class and a sort of onlooker and semi-participant in all that goes on. Törleß is one of those sensitive adolescents emotionally ready for initiation into adult society, who find themselves, in a manner that rightly or wrongly we tend to think of as characteristically twentieth-century Western, in the exclusive charge of adults who are either unwilling, or more probably unable, to initiate them. His thwarted need for change gives unity and accounts for its various features: the intense anxiety and brooding despair which pervades the whole; the watching and waiting and wondering about what goes on 'elsewhere', beyond the decent schoolboy barrier, in the wider, or wickeder world; the opening and closing scenes with Törleß's parents (especially his mother), who have a hidden life that has been kept from him; the confrontation with and terrible disillusion of the scene with the maths master; and for Törleß's obsessive questioning of the victim, Basini, about what happens in the psyche at crucial moments of transition. And the failure of the adult world to provide the boy with satisfactory models explains the unconcerned amorality of his own position, and his tendency to equate initiation with degradation.

At the beginning of the century this sort of thing was more exciting than now: parallels have been drawn with Rilke's *Die Aufzeichnungen des Malte Laurids Brigge*, and Joyce's *Portrait of the Artist as a Young Man*. *Törleß* is, for all its promise, much more schoolboyish than these, continually raising issues which it fails to deal with, attempting far more than it achieves. This can be argued either on a philosophical level—where Musil is content to represent strong anti-social forces at work without raising the issue of why they do not encounter, or provoke, correspondingly strong constructive ones (contrast William Golding's *Lord of the Flies*)—or with regard to details of style, imagery and portrayal. Consider the cliché-ridden over-writing of much of the phrasing (e.g. 'Dieser [Fluß] wälzte sich schwarz und träge, mit tiefen, glucksenden Lauten unter der hölzernen Brücke. Eine einzige Laterne, mit verstaubten und zerschlagenen Scheiben, stand da. Der Schein des unruhig vor den Windstößen sich duckenden Lichtes fiel dann und wann auf eine treibende Welle und zerfloß auf ihrem Rücken. Die runden Streuhölzer gaben unter jedem Schritt nach... rollten vor und wieder zurück...', p. 34; 'Törleß unterdrückte ein Lächeln', p. 65); the 'Freudian-Gothick' character of the symbolism of the attic to which the boys climb for their secret excesses, draped with the blood-red bunting, approached by one of two passages thick in dust; and the resort to unsupported and unconvincing statement to explain certain essential elements in the situation—such as why the two chief malefactors bother with Törleß at all or how they manage effortlessly to manipulate their class-mates.[1] Lastly, the characterization, with its impotent teachers, mystically ruthless or self-educating experimentalist torturers, and the corrupt effeminate victim, is not conceived in any great depth, but largely derived from schoolboy stories.

In the summer of 1903 Musil persuaded his father (on whom he remained financially dependent until 1911, believing in traditionally secure fashion, as he later noted, that money was

---

[1] The failure to demonstrate this latter point largely discredits the common suggestion, supported on one occasion by Musil himself and mistakenly stressed by Volker Schlöndorff's much praised film *Der junge Törleß*, that this pre-1914 novel anticipates in a revealing way the European dictatorships of the 1930's. For the problem with a Hitler or Stalin is not that certain individuals have unpleasant private characters, but under what circumstances such individuals achieve unlimited public power—and on this problem *Törleß* casts no light at all.

something each generation held in trust for the next, not something each had to earn) to let him abandon his budding engineering career and move to Berlin to start the study of philosophy
and psychology. The extent of the break can be seen from the fact
of a man of nearly 23 (especially one with the first draft of *Törleß*
in his pocket) having to resume school studies for a year in order
to obtain his Matura (the examination German universities
require for study in the arts, which Musil's practical army school
had not bothered with). He passed it in June 1904, and from this
time on took his intellectual development very seriously: it
became in fact one of the poles of his personality and view of
life. As a child he had gazed much out of his window in broody
melancholy, and this trait deepened in the man into a tendency to
mystic contemplation and 'other-worldly' experience. Possibly
his life-long physical training should be considered as an
assertion against the feminine element in this (or a sort of con-
trolling yoga); certainly his intellectual interests were regarded
by him as in polar opposition to such mystic absorption (cf. the
'masculine' aggression of the attack on the Prince in *Törleß*).
They tended indeed towards rationalism and simple positivism.
Thus his Ph.D. thesis (1908) gave serious consideration to the
complex scientific positivism of the physicist and philosopher
Ernst Mach against the inclinations of Musil's own professor,
Carl Stumpf, and all his life he preferred academic psychologists
(in spite of their tendency to pure naming) to the integrative
theorizing of Freud.

The success of *Törleß*, due in no small part to the support of
the influential critic and writer Alfred Kerr, gave Musil access to
the inner circles of Berlin's active intellectual and artistic life;
and, although he always remained a fairly solitary and independent figure, it was in this sort of society that he ever after felt
most at home. He would have his own seat in a Stammcafé
in Berlin or Vienna and, while always remaining carefully and
rather expensively dressed and very correct in behaviour, would

converse, on occasion quite exuberantly, on a wide range of topics.

It seems that in 1907 Musil finally brought to an end his long and probably guilt-laden and sporadic affair with Herma Dietz, and met Martha Marcovaldi. She was nearly seven years older than him, came from a cultivated German Jewish family, had lost one husband by death, and left a second, taking her two children with her. She and Musil became close friends quickly, but because of difficulties in the divorce laws of the day could not marry till Easter 1911. Their marriage was lasting and perfect in its way; childless and frictionless, it allowed Robert to withdraw increasingly from the problem of coming to everyday terms with society and concentrate more and more on his writing, while Martha gave up her own incipient career as painter and devoted herself entirely to protecting him from trivial worry (even ordering his food in restaurants and paying the bills, or informing would-be visitors whether he was in a suitable mood for conversation) and helping him prepare himself for his work. That the relationship tended towards that of mother and son is clear, as also that it was an essential basis for the writing of *Der Mann ohne Eigenschaften*. Whether the degree of protection it provided was entirely beneficial for Musil's psychological health is another matter.

In the early Berlin years Musil had tried to work once more on his original idea of a big novel, but it was still too early for him to get far. Even the short story *Das verzauberte Haus*, which he wrote at the request of a friend and supporter, the well-known littérateur, Franz Blei, for the latter's journal *Hyperion* (1908), still shows some of the weaknesses of *Törleß*. Then came a prodigious effort at self-education: having set out to produce a second short story quite quickly, Musil found himself trying to write at a quite different level in a quite original way—and for two and a half years feverishly wrote and rewrote until he had the two stories as he wished them.

Die Vereinigungen (1911), as he called the two together, marks

Musil's coming of age as a serious writer, but appears nevertheless as something of a literary curiosity. The form is now perfect of its kind, and expresses something which could not be expressed any other way, but the 'kind', and the 'something' are decidedly recherché. Both stories tell how lovers experience an act of separation as positive; in *Die Vollendung der Liebe* it turns out in fact to be the climax of their love. This is clearly in some sense like representing minus as plus, and it is not surprising that the reader has some difficulty, at least with *Die Versuchung der stillen Veronika*, in deciding what, in everyday terms, is actually happening at any particular moment. For everyday terms are those sanctioned by society, and Musil, no more an insider now than at the time of *Törleß*, finds maximal significance in the denial of the socially sanctioned act—or rather not so much in its denial, which could be as firm and clearcut as its fulfilment, and require an appropriate style, as in its absence. The significance of this absence is expressed in a highly intelligent if sometimes obscure combination of trivial detail and abstract apprehension:

'Ihre Augen richteten sich gegen den Eingang; es erschien ihr sonderbar, daß hinter diesen dünnen Brettern ein Mensch stand: sie fühlte nur den Einfluß des Gleichgültigen dabei, des Zufälligen dieser Tür, an deren beiden Seiten sich Spannungen, einander unfindbar, stauten', p. 194.

This style has with some reason been claimed as a contribution to 'Early Expressionism', though Musil himself, preoccupied as always with his own development, and with what he wanted to say at any given time, had no use for such a label.

C. *Jobs, war service and mature minor writings (1911–24); 'Die Amsel'*

Musil's father was of the opinion that, on marriage, his son, now aged 30, should cease to be dependent upon him, and in general should assume the usual responsibilities of an adult; and he used his influence to get the son a good job as librarian in the

Technische Hochschule in Vienna. Thus began the only period of his life in which Musil earned his own living in a fairly straight-forward manner; it lasted about twelve years and appears in many ways as untypical, a sort of holiday from the desperate self-absorption which was the norm, both before and after; a period in which he surprised, and to some extent dismayed, himself by living more or less as an ordinary member of society.

The librarianship he hated from the beginning; although the work was quite light (only four hours a day), and he was allowed generous holidays and given rapid promotion, he found the trivial routine oppressive and a hindrance to his writing. In 1913 he gave up this attempt to join the civil service bourgeoisie into which he had been born, and accepted a post on the editorial staff of the very reputable *Neue Rundschau* in Berlin. This was little more than a sinecure, but lacked the crucial element of long-term security.

So Musil became a journalist, albeit of a superior sort, and throughout this period of his life wrote a lot for newspapers and periodicals—just how much is only gradually coming to light through the collections made by Marie-Louise Roth and pub-lished by Rowohlt. Book reviews, articles of general topical interest and, particularly after the war, theatre reviews are the most numerous, though a number of original sketches appeared too: the best, including the famous 'Das Fliegenpapier' describ-ing in detail how individual flies die when trapped, being later included in the collection *Nachlaß zu Lebzeiten* (1936). The setting of many of the sketches in Italy, where the Musils went for several long holidays, and where, in the Southern Tyrol, he spent most of the 1914–18 war, with his wife for a time in lodgings nearby, supports the impression of holiday work. The three short stories reprinted in this present volume also take place wholly or largely there—and, in spite of their excellence, have been regarded both by their author and several critics as separate from the mainstream of his life, as less bound to his particular personality than the rest of his work.

In this connection it is possible to see the 1914–18 war, which Musil shortly afterwards described as a five-year slavery which had thrown out the whole course of his life, as the centre and crux of an interesting and positive period. As an officer of the reserve, he was called up at the very beginning, and surprisingly showed a pronounced personal involvement in spite of himself: an involvement directly witnessed to by the remarkable article 'Europäertum, Krieg, Deutschtum', which he published on the outbreak of war, welcoming it as a chance to purify and re-unite the nation; possibly also by his experiencing one episode as a 'baptism of fire'; and indirectly by his reluctance to get out of uniform at the end of hostilities in 1918 and his continuance in semi-military jobs at the Foreign Office or War Office for a further four years.[1] So that, in spite of his retrospective lament for wasted time, and although, at least after the beginning, he did look at what went on around him with a fairly detached regard, nevertheless Musil appears to have been caught up willy-nilly in society's net for a while—and was not over eager to be cast out once again.

At the beginning of the war he was a lieutenant on frontier control duty; then in 1915, when Italy joined in, he saw some active service as company adjutant. After falling sick with ulcer trouble in 1916, he was made editor of an army newspaper largely intended to check irredentism (the agitation for the Italian-speaking Southern Tyrol and adjacent parts to leave the Empire and join Italy). Musil's relative enthusiasm for such a job, his general wish to see the Empire reform, and then, when it collapsed in 1918, his support for 'Anschluß' (German-Austrian union) and his subsequent work first as a sort of press officer for the government and then as consultant and lecturer on army

[1] Cf. also the way A2's involvement in the Russian Revolution is reported in *Die Amsel*, below, pp. 101 and 129.

morale, all testify to a strong attachment to the world in which he had been brought up. The old Empire might be both corrupt and ridiculous, but Musil shared the deep and by no means irrational conviction of the central European bourgeoisie of his time that, whereas reform was needed, any attempt to break the Empire up and replace it by other political forms would be too destructive and barbarous to contemplate. So he hung on as long as he could, observing what remained of the old order with a penetrating but loving eye—and put off until the last moment the assumption of his last, most difficult and most particular task.

The years after the war brought home the collapse of the old order most painfully to the bourgeoisie by the fantastic inflation so well known to stamp-collectors: by 1923 it could cost a German a million million marks to post a letter. This put an end to Musil's chance of permanently living off his parental inheritance, but hardship was staved off for the time partly by his official jobs and partly by the solid Czech money he earned as theatre critic for the *Prager Presse*. With this he purchased an apartment in Vienna, which remained his principal home till 1938, and possession of which he doggedly preserved as long as he could even in later exile.

Musil wrote two plays, *Die Schwärmer* (1921) and *Vinzenz und die Freundin bedeutender Männer* (1923). The first is a full-length serious play, the second a short farce; the first goes back in conception to the period immediately after *Die Vereinigungen*, the second was more a matter of the moment; the first was never successfully produced in Musil's lifetime, whereas the second did have some small success in Vienna in the twenties. Both are 'Ideendramen', of a type known in England particularly through George Bernard Shaw, and provided ample scope for their author's tendency to consider discussion of situations and people as possibly even more important than the situations themselves or the actions of the individuals concerned: 'Die Tatsachen sind immer vertauschbar', as he wrote on one occasion in his journal.

Particularly is this true of *Die Schwärmer*, which presents the re-union, under conditions of tensely changing personal relationship, of a group of intellectual men and women who had been friends or siblings from youth and who, significantly enough, seem to have been, even as children, remarkably lacking in parents. Mostly aged about 30, they have to decide, or discover, whether to become responsible adults or not—but there seems no acceptable model, and they more or less opt instead for another plunge into basic chaos. As the strongest central figure, Thomas, says to the one older, established man, who maintains that his truant wife, Regine, should be taught 'Achtung vor den festen Grundlagen des Daseins':

'Josef, eben das ist es: die hat sie nicht, diese Achtung. Für dich gibt es Gesetze, Regeln; Gefühle, die man respektieren muß, Menschen, auf die man Rücksicht zu nehmen hat. Sie hat mit all dem geschöpft wie mit einem Sieb; erstaunt, daß es ihr nie gelingt. Inmitten einer ungeheuren Wohlordnung, gegen die sie nicht das geringste Stichhaltige einzuwenden weiß, bleibt etwas in ihr uneingeordnet. Der Keim einer anderen Ordnung, die sie nicht ausdenken wird. Ein Stückchen vom noch flüssigen Feuerkern der Schöpfung' (p. 392).

And in the end, Thomas and Regine are left together, understanding each other deeply but not sexually united, while Thomas's statuesque wife has gone off with the immoral Anselm (who originally came with Regine), to find out in her turn what it is like to be thoroughly stirred up.

Vinzenz is much lighter, but not essentially so very different: it shows a series of men wooing Alpha, a vain lady who might almost be the personified 'Frau Welt' of the Middle Ages. All of them are types (business-man, scholar, musician, and so on) and all ridiculous—except Vinzenz alone, who has no profession and no character, who will always be on good terms with Alpha but never respected by the others and who, when asked at the end if he is really serious about taking a servant's job, replies:

'Es ist, was ich so meinen Ernst nenne. Findet man sein eigenes Leben nicht, so muß man hinter einem fremden dreingehn. Und da ist es das beste, es nicht aus Begeisterung zu tun, sondern gleich für Geld. Es gibt nur zwei Möglichkeiten für einen ehrgeizigen Mann: ein großes Werk zu schaffen oder Bedienter zu werden. Für das erste bin ich zu ehrlich; für das zweite reicht es gerade noch' (p. 444).

With this Musil's venture into the field of drama comes to an end. Both plays are brilliantly written, full of cleverness and wit, and centre on the very problem he was perpetually concerned with: the individual's relationship to adult social life. But the criticism that used to be levelled at Hofmannsthal's dramas may, in fact, be true of Musil's: that they are little more than intellectual exercises, and do not stir us very deeply.

Musil published three short stories at this time: *Grigia* (1921/2), *Tonka* (1922/3), *Die Portugiesin* (1923)—these being republished together as *Drei Frauen* (1924)—and a fourth a little later, *Die Amsel* (1927). *Tonka* is in many ways the odd one out, dating in conception from the period around 1905, though showing the immense gain of being completed after *Die Vereinigungen*. It is an intense and painful study of a young man in the stage subsequent to that of the adolescent Törleß: intellectual, inhibited and filled with both compassion and guilt, he feels far more involved with a servant-girl than the external facts justify, and when she gets both pregnant and venereally infected in a mysterious way, makes an existential problem of it (instead of simply accepting or rejecting her?)—and only feels a little better when she is finally dead. Once more the unsatisfactory model the hero has witnessed in the parental home is sketched in; and some parallel is suggested between his inability to discover what went on there (this time with a dubious uncle figure present, as well as mother and ailing father) and his onlooker's relationship to his own life. How wide is the stylistic range and firm control of Musil's mature prose can be seen from the brilliant, if necessarily difficult, portrayal of worried day-dreaming that concludes section XI. Note the way it is put into perspective by the weight and balance of the opening sentence of XII:

Aber es mußte damit zu tun haben und etwas Besonderes bedeuten, wie oft er an Pferde dachte. Das war vielleicht Tonka und die Pferdelotterie mit den Nieten, oder es war seine Kindheit, denn darin kamen schöne braune und gescheckte Pferde vor, in schweren, mit Messing und Fellen beschlagenen Geschirren. Und manchmal glühte plötzlich das Kinderherz in ihm auf, für das Großmut, Güte und Glauben noch nicht Pflichten sind, um die man sich nicht kümmert, sondern Ritter in einem Zaubergarten der Abenteuer und Befreiungen. Es war aber vielleicht bloß das letzte Aufleuchten vor dem letzten Verlöschen und der Reiz einer Narbe, die sich bildete. Denn die Pferde zogen immer Holz, und die Brücke unter ihren Hufen gab einen dunklen Holzlaut, und die Knechte trugen kurze, violett und braun gewürfelte Jacken. Sie nahmen alle den Hut vor einem großen Kreuz ab mit einem blechernen Christus, das in der Mitte der Brücke stand, nur ein kleiner Bub, der im Winter bei der Brücke zuschaute, hatte den seinen nicht ziehen wollen, denn er war schon klug und glaubte nicht. Da konnte er plötzlich seinen Rock nicht zuknöpfen; er konnte es nicht. Der Frost hatte seine Fingerlein gelähmt, sie faßten einen Knopf und zogen ihn mit Mühe heran, aber so wie sie ihn in das Knopfloch schieben wollten, war er wieder auf seinen alten Platz zurückgesprungen, und die Finger blieben hilflos und verdutzt. Sooft sie es auch versuchten, endeten sie in einer steifen Verwirrung.

Diese Erinnerung war es nämlich, welche ihm besonders oft einfiel.

*   *   *

Zwischen diesen Unsicherheiten schritt die Schwangerschaft fort und zeigte, was Wirklichkeit ist.

This is not untypical of the three stories included here. Notes on reading them, as independent works of literature apart from the circumstances of their creator's life and times, are given at the end of this essay. All three, although they incorporate incidents from Musil's war-time experiences (and *Die Amsel* also draws upon his experience of the death of his parents), are less obsessive expressions of his own personal problems than most of his work.

D. *Withdrawal and* Der Mann ohne Eigenschaften *(1924–42)*

The post-1918 inflation reached its peak in Austria in 1922, and was then firmly taken in hand (a year earlier than in Germany), so that relative economic stability was restored in the following years until the world depression which followed the collapse of the New York Stock Exchange in October 1929. But the Government's 1922 cut-backs included Musil's War Office post and, although he managed to claim salary well into 1923, this loss of job marked for him the end of an epoch; if the world was no longer anxious to divert him from it, it was time to take up his own particular cross. The death of his parents the following year (1924) must have been experienced as corroboration of this decision (both *Die Amsel* and *Der Mann ohne Eigenschaften* reveal an acute awareness of the significance distant parental death can have for a middle-aged man); if he had a great novel in him, it was now time to put away childish things, and write it. Moreover the Austro-Hungarian Empire, officially broken up in 1918, was now rapidly disappearing and being replaced by a crude and brutal demagogism which repelled Musil; so, as much of the novel is a sort of funeral oration in honour of the old order, it was advisable to produce it before this was forgotten. Also important for the timing is the practical consideration that only now, after several years of public activity and prominence in Vienna (he was awarded a number of literary prizes in the twenties, called onto the stage after a production of *Vinzenz*, appointed Vice-President of the literary society of which Hofmannsthal was President, and so on), had Musil attained sufficient stature to enable him to survive, however precariously, on credit for the remaining nineteen years of his life. His highly

individualistic publisher, Ernst Rowohlt, made Musil considerable if not entirely reliable advances until 1931, when his own firm
was in financial difficulty; then, after Musil had moved to Berlin
in that year, a circle of sponsors financed him there till he left
again shortly after Hitler came to power; after that a similar circle
in Vienna till 1938. Even in Swiss exile, where his miserable lone-
liness more or less bore out Goebbels' 1933 proclamation about
emigrés 'Ihr Lebensfaden ist abgeschnitten, sie sind Kadaver auf
Urlaub', even there isolated patrons kept him just financially
solvent to the very last—and however much he may have
grumbled and suffered, this mere fact of financial survival with
minimal literary production is quite impressive.

The novel meanwhile progressed slowly, far more slowly than
its author predicted, and ever more slowly as the years passed.
The overall conception was perhaps never entirely clear, and
certainly changed from time to time. Ideas and suggestions were
jotted down continuously in the notebooks; not only sentences
and pages, but whole chapters were written and rewritten again
and again (though the 'twenty' rewritings of it all that its author
claimed has been sensibly interpreted as more figurative than
literal); proofs were corrected so thoroughly that they might as
well never have been set. Yet in 1930 Part I appeared and was
acclaimed, and in 1933 thirty-eight chapters of Part II. A further
twenty chapters, which were set in proof in 1938, failed to
achieve publication before the Jewish publishing house which
had adopted him was taken over by the Nazis. His wife published
them, and some others, after his death in 1943, and Adolf Frisé's
edition of 1952 contains a further selection (the reliability of
which has been disputed). The novel was far from complete at
the time of Musil's death, new writing indeed, as opposed to
planning or reworking, having been minimal for several years.

Musil concentrated on *Der Mann ohne Eigenschaften* to the
exclusion of almost all else, though he did emerge very occasionally, e.g. to make a self-revealing eulogy of Rilke at a

memorial celebration in Berlin in 1927, or to contribute to the International Writers' Conference for the Defence of Culture in Paris in 1935, and the magisterial irony of his full-length oration *Über die Dummheit*, given in Vienna in 1937, is impressive. This concentration was not surprisingly accompanied by a painful reduction in his general level of physical and mental health— which reduction doubtless in its turn conditioned, and in a way fed, the novel. In 1929 Musil suffered a nervous collapse, and in 1936, while swimming, a minor stroke. But it is not so much these isolated events which disturb, as the continuous stream of evidence about his state of mind found in his notes and letters. He struggles the whole time with the feeling that he is an outcast, and fights with every weapon in his armoury to save himself from bitterness and self-pity: it was above all in this personal smelting furnace that the famous irony was forged of which he appears in his novel to have such sovereign command. Consider this first fragment of a 'literary testament' from about 1932 (quoted here in full):

Warum ich mitten im zweiten Teil meines Buches, das mit diesem Band ja noch nicht beendet ist, ein Nachwort schreibe und es Vermächtnis nenne, will ich zuerst begründen, und aufs bündigste durch die Mitteilung, daß ich nicht weiß, ob ich das Ganze bringen kann, oder es an einer Stelle werde abbrechen müssen, die nicht sehr weit hinter der jetzt erreichten liegt. Ebenso bündig, wenn auch nicht gleich kurz, läßt sich sagen, warum dem so ist.

Die Ursache bin nicht ich, sondern sie liegt in etwas, das sonst bei der Niederschrift von Vermächtnissen vorhanden zu sein pflegt, dieses aber durch sein Fehlen hervorruft, dem Geld. Ich habe kein Geld. Diese Behauptung hat nun allerdings in der Deutschen Sprache eine Eigentümlichkeit: sie wird gesprochen, so wie sie hier steht, gehört wird sie aber: ich habe zwar im Augenblick wirklich kein Geld, aber irgendwie habe ich doch einen Grundbesitz, Verwandte, die mir helfen können, Werte, die im Augenblick nicht sind, morgen aber wieder sein werden, und ähnliches. Es ist der alte Glaube, daß ein verarmter Reicher immer noch ein reicher Armer sei. Davon ist hier keine Rede. Ich habe im absoluten Sinn kein Geld. Ich bemerke, während ich das niederschreibe, daß diese Tatsache, die ich bisher nach Möglichkeit zu verheimlichen suchte, obwohl sie mich in den letzten Jahren einigemal in die nächste Nähe des Suicide gebracht hat, auch im allgemeinen gar nicht ohne Wichtigkeit ist. Es gibt zwei Wege dazu, einen von oben, einen von unten; sein Geld verloren zu haben, den, nie eines besessen zu haben. Der erste ist der noch aussichtslosere, weil man nicht beizeiten lernt, sich ihm anzupassen, man ist nicht in die neuen Verhältnisse hineingewachsen. Dieser war der meine. Die Reste, die nach der Inflation von dem bescheidenen Vermögen übrigblieben, habe ich bald verbrauchen müssen. Nun unterscheidet man aber auch, soviel ich weiß, zwei Arten kein Geld zu haben. Es wird behauptet, daß reiche Leute niemals Geld hätten, das heißt: nicht frei; das ist eine sehr angenehme Art kein Geld zu haben. Dagegen: Arzt, nächste Woche, geistige Hilfsmittel, Hetzjagd ... das ist die meine.

Es ist die gleiche Art, wie wenn man an einem Seil über einem Abgrund hängt. Für kühne Menschen vielleicht ein Kitzel; durch zehn Jahre etwas, das alle Nerven zermürbt. Manchmal stürzt man auch schon, dann bleibt man wieder hängen. Es ist vor allem der dauernde Zustand, daß alles von einem einzigen Umstand abhängt. Wenn zum Beispiel heute mein Verleger versagt, so habe ich nicht die Zeit, einen neuen zu finden. Wenn ich krank werde, so habe ich nicht die Zeit dazu und nicht das Geld für den Arzt.

Es gibt viele Menschen, die in einem solchen Fall einwenden: warum hat er es so weit kommen lassen?! Antwort: ich wäre nicht ich, hätte ich es nicht so weit kommen lassen ...

Furthermore it is to a considerable extent in this context that assertions of the kind 'Ich halte es für wichtiger ein Buch zu schreiben, als ein Reich zu regieren. Und auch für schwieriger' should be understood. Musil wrote *Der Mann ohne Eigenschaften* under the most adverse conditions, but it is perhaps the sort of book that could only be written under such conditions—and so he both protested against them, and cherished them. And, of course, found it most difficult to be anything like fair to writers such as Thomas Mann, who managed to avoid such extremity.

The novel itself appears very different according to whether one concentrates on its outline or its detail, and only the outline can be discussed here.

This consists quite simply of lengthy descriptions and analyses of two states of rest, separated by a single event. The first state describes the world of Austro-Hungarian society in 1913 as seen by the hero, Ulrich, an intelligent scion of the author's class, who finds nothing in it capable of involving him. All is futility, a vast comedy of errors, a sometimes amusing, sometimes horrific panorama of *vanitas vanitatum*. The centre around which such activity as there is revolves is called 'die Parallelaktion', a long-term imperial project for not being out-done by the Prussians in the celebration of the year 1918 when both rulers are due for jubilees. That Ulrich, although appointed its secretary, manages to remain emotionally detached from such folly may not seem surprising; he is, however, almost the only character to do so. Then at the end of Volume I Ulrich's father dies, and as a direct result he finds himself, at the beginning of Volume II, presented with a sister whose very existence he had forgotten about and who now leaves her caricature schoolmaster husband to come and live with him. The second state to be described and analysed is the close relationship, approximating to identification, of a brother and sister who share the same house and way of life. This state appears to be interminable, for although Musil desperately wanted it to lead somewhere—indeed his hopes for a better world seem to have centred on it—and although he toyed with a variety of incestuous and non-inces-tuous developments, perhaps not surprisingly he never could find the way ahead. And in fact for the serious student, the way does not lead so much ahead, as back to the author. For the fragmentary nature of the work as published in Musil's life-time leads to consultation of the 'Nachlaß', and the vast amount of conflicting evidence available in these leads to consideration of his life and character—so that one is tempted to ask: is this perhaps what was unconsciously intended? Is *Der Mann ohne Eigenschaften* only secondarily a fragmentary work of art, and primarily a pointer to the man behind?

Yet although the non-participant 'man without qualities' is clearly a stylization of Musil himself, there remains an essential difference. Whereas Ulrich never got caught up in society in any way but sought a solution in a more or less conscious return to pre-social association in the womb, Musil was a writer, and as a writer has left his mark on the world outside.

The investigation of the patterning and significance of the detail in the novel is the chief object of most of the long and formidable books that have been published on Musil in the last fifteen years. Subtle, complex, and endlessly fascinating to many people, this detail is obviously worthy of analysis. It is only a pity that some of its investigators appear not to have noticed the essentially negative nature of the overall statement. Musil's success lies not in achieving his aim of pointing the way to a future Utopia, not in making a contribution to the dubious concept of 'die geistige Bewältigung der Welt', but in managing with prodigious effort to present in an extensive and disciplined fashion a view of the world he could not give up, however unsatisfactory it might be. Of the many possible quotations, one, relevant for the whole of his life, is provided by his elegiac description of Kakanien, the imperial and royal ('k. und k.') land whose activities he takes as his theme:

> Dort, in Kakanien, diesem seither untergegangenen, unverstandenen Staat, der in so vielem ohne Anerkennung vorbildlich gewesen ist, gab es auch Tempo, aber nicht zuviel Tempo. So oft man in der Fremde an dieses Land dachte, schwebte vor den Augen die Erinnerung an die weißen, breiten, wohlhabenden Straßen aus der Zeit der Fußmärsche und Extraposten, die es nach allen Richtungen wie Flüsse der Ordnung, wie Bänder aus hellem

Soldatenzwillich durchzogen und die Länder mit dem papierweißen
Arm der Verwaltung umschlangen. Und was für Länder! Gletscher
und Meer, Karst, und böhmische Kornfelder gab es dort, Nächte an
der Adria, zirpend von Grillenunruhe, und slowakische Dörfer, wo
der Rauch aus den Kaminen wie aus aufgestülpten Nasenlöchern
stieg und das Dorf zwischen zwei kleinen Hügeln kauerte, als hätte
die Erde ein wenig die Lippen geöffnet, um ihr Kind dazwischen zu
wärmen. Natürlich rollten auf diesen Straßen auch Automobile; aber
nicht zuviel Automobile! Man bereitete die Eroberung der Luft vor,
auch hier; aber nicht zu intensiv. Man ließ hie und da ein Schiff nach
Südamerika oder Ostasien fahren; aber nicht zu oft. Man hatte
keinen Wirtschafts- und Weltmachtehrgeiz; man saß im Mittel-
punkt Europas, wo die alten Weltachsen sich schneiden; die
Worte Kolonie und Übersee hörte man an wie etwas noch gänzlich
Unerprobtes und Fernes. Man entfaltete Luxus; aber beileibe nicht
so überfeinert wie die Franzosen. Man trieb Sport; aber nicht so
närrisch wie die Angelsachsen. Man gab Unsummen für das Heer
aus; aber doch nur gerade so viel, daß man sicher die zweit-
schwächste der Großmächte blieb. Auch die Hauptstadt war um
einiges kleiner als alle andern größten Städte der Welt, aber doch um
ein Erkleckliches größer, als es bloß Großstädte sind. Und verwaltet
wurde dieses Land in einer aufgeklärten, wenig fühlbaren, alle
Spitzen vorsichtig beschneidenden Weise von der besten Büro-
kratie Europas, der man nur einen Fehler nachsagen konnte: sie
empfand Genie und geniale Unternehmungssucht an Privat-
personen, die nicht durch hohe Geburt oder einen Staatsauftrag
dazu privilegiert waren, als vorlautes Benehmen und Anmaßung.
Aber wer ließe sich gerne von Unbefugten dreinreden! Und in
Kakanien wurde überdies immer nur ein Genie für einen Lümmel
gehalten, aber niemals, wie es anderswo vorkam, schon der Lümmel
für ein Genie.

Apart from working on his novel, and the daily routine of
domestic life, until 1938 Musil also enjoyed meeting his friends
in cafés, but in the last years in Switzerland he sadly felt the lack
of such stimulation, as of course of any public resonance once
his books had been banned. He also enjoyed strong coffee, and

heavy smoking—'Ich behandle das Leben als etwas Unange-
nehmes, über das man durch Rauchen hinwegkommen kann!'—
but was forced to cut down on both as his health deteriorated
(on the day of his death his last act of writing was an entry in a
notebook specially set aside for the purpose showing the time he
smoked his final cigarette). Physical activity included walking,
swimming and tennis, but tended with age ever more to solitary
exercises, performing which in all probability he finally died on
15 April 1942, with little more warning than the steady deteriora-
tion of years. Only eight people attended his funeral, and his
death was hardly reported in the larger wartime world.

Yet Musil does seem to have relaxed and mellowed in certain
ways towards the end. In Zurich, where he lived from September
1938, he made several important new friendships, which were
not weakened by his move to Geneva in July 1939: with the
Munich-born writer Hermann Kesser, the Viennese sculptor
Fritz Woruba and the Zürich pastor Robert Lejeune. The fact
has several times been referred to that, ever since reading
Nietzsche and Dostoievsky as a young man—and the latter at
least was once more taken up in his last year—Musil had been
fascinated by the possibility that society could be purified and
renewed by the extraordinary efforts of extraordinary men. This
role, which mankind has normally accorded to priests (or gods),
is nowadays in the West frequently accorded to artists. Musil
had wanted all his adult life to be such a priest-artist, as not only
his pronouncements, but the details of his every-day life suggest.
The rather disturbing combination of fear and arrogance which
is apparent from the notebooks, the photographs and the comments of others (cf. various memoirs in *Leben, Werk, Wirkung*)
is the price he had to pay for self-appointment to such a role
(and his irony, from this point of view, a heroic attempt to come
to terms with the world nonetheless). But in his later years, he
began to see himself in perspective: 'Ich bin doch ganz naiv
überzeugt, daß der Dichter die Aufgabe der Menschheit ist, und

außerdem möchte ich ein großer Dichter sein. Welche gut vor mir selbst versteckte Eigenliebe!'

Musil's attitudes to Woruba and Lejeune show a new humility: he wonders for the first time if such relatively simple and active men may not after all possess the secret he has striven for—and he watches them and asks them questions like a child. The second house in Geneva where he and his wife lived for two years was in a garden and now, again as in earliest childhood, he gazes out of the window—but whereas then he would go into a sort of dark trance, and see nothing, now his diaries for the first time contain pages of gentle and detailed description of the flowers, birds, animals and seasons. The intense personal isolation and adolescent self-preoccupation is finally melting, and in his last years of exile and apparent failure the old man is learning to take his place in, and to merge with his environment. The photographs may now look sadder, and rather crumpled, but at least they let that truth of his life show through. Lastly, it has been stated not only that he smoked and exercised on his last morning of life, but also that he had a transcendental experience. And if there were only a handful of mourners at his grave, Pfarrer Lejeune attended and made a funeral oration in which he called Musil, with an exaggeration which was pardonable at the time, 'der bedeutendste Dichter deutscher Sprache, der in unserer Zeit lebte'.

NOTES ON READING *GRIGIA, DIE PORTUGIESIN* AND *DIE AMSEL*

Life is commonly experienced as a series of demands: to learn one's lessons, earn one's living, find someone to marry, bring up one's children, stand by one's friends—with periodic breaks for recuperation. If attention is distracted from the worry of satisfying these demands, perhaps by means of some 'breakdown', such as hospitalization, falling in love, bereavement, drug-taking or old age, then life may be experienced differently[1]: as a series of absorbing patterns in which one has a place, possibly an important one, but no worries at all. Attention is then directed, not at maintaining one's position in society, but at the patterns themselves; and if momentarily at oneself, then not as something about whose activities one could possibly feel guilty, but as something intimately known yet separate, which behaves in surprising ways and to which surprising things may happen. Some question of influencing what it is that happens still remains.

Because of the fascination the seemingly objective meaning of the patterns exercises on the observer, this way of experiencing can be termed symbolic, by contrast to the way of social concern (which tends to the neurotic). A third way, still more remote from that of everyday life, one which experiences reality as outside the human sphere altogether, is termed mystic.

Man, in so far as Musil is interested in him, can be described as a social and intellectual animal, liable to symbolic and mystic experience. Artists, at least some artists, experience symbolically much of the time, Musil amongst them, as his diaries and note-

[1] Cf. R. D. Laing, *The Politics of Experience*, Penguin Books, Harmondsworth, 1967.

books show, from which extracts relevant to *Grigia* and *Die Amsel* are printed here after the text (pp. 107 f). But what Musil attempts, particularly in these two stories, is not simply to record symbolic experience, but to embed it in an appropriate intellectual and social framework. The stories thus raise questions as to how the various aspects of human behaviour are inter-related, and what sort of a whole it is they constitute. In *Die Amsel* these questions are explicit, certain strange events being related by one man who has experienced them to another who has not, in order, by telling them, to try to discover their meaning.

What the reader encounters is not what the hero is reported to have encountered, but a pattern of words. What these words describe and discuss is important, but just as important is how they describe and discuss it; the effect on a receptive reader depends on the interaction of the two. By his early forties Musil had developed an extraordinary technical skill, a mastery of language which he both displays (almost permitting himself conjuring tricks around the edges of the story) and yet always totally subordinates to some overall requirement in each work. On the surface the detail appears unusually brilliant, clear, well-formed; but one tends to read it slowly nonetheless, sensing not only its multiple relevance to the rest, but also that much is buried beneath the surface at each point. This combination of clarity with density and multiple reference frees the receptive reader from pre-occupation with himself, absorbs him in each item as he goes along, pleases his intellect with those patterns he actually recognizes, calms him with a sense of a satisfactory master-plan he could never hope to pin down.

This is the aesthetic experience, and its close relation to the symbolic experience is obvious. It is available to any Musil reader who knows German moderately well, is moderately intelligent, and can bestow on what he is doing that whole attention, free from thought and anxiety, which is required for all voluntary calm experience of any depth; the development of the ability to bestow such attention was declared by Simone Weil as 'the real object and almost the sole interest of studies' of any kind.[1] Freedom from thought here does not, of course, mean that reflection on or analysis of the stories is not permitted, but that one must empty one's mind each time before starting to read, and must subordinate any ideas which do come to the overall act of experience. Criticism which genuinely, not just professedly, treats the experience as paramount, is rare.

It is proposed here to make only a few introductory remarks about the quality and variety of Musil's prose.

As an introduction to *Grigia* the narrator generalizes about life—for three lines. The opening statement is original and not at all necessarily true, calmly and apparently simply made, and conveys, clearly yet in some sense subliminally, to some extent as a play on words, the suggestion not that we make a journey in life, but that life is taking us on a journey of its own devising. (If the pace slows down, this may be because the driver is unsure; if the driver is unsure, the passengers may be unusually liable to accident.) The image is not explicit, but its buried presence is relevant to the elegiac, reflective, passively experienced story that is to come. This story does not testify to the truth of the image, but stands in an oblique relationship to it. The reader is not expected to understand exactly what is going on in such a paragraph, but if at all receptive should be prepared by it for the particular experience the story offers.

Then the narrative begins with as concise an exposition as one could wish: four lines suffice for all the necessary facts, and at the same time by their phrasing convey that Homo, who appears at beginning and end as subject before the verb, is being interfered with by something troublesome about his son (note

[1] See her essay, translated from the French by Emma Craufurd as 'Reflections on the Right Use of School Studies with a View to the Love of God', in *Waiting on God*, London, 1951.

the *das*), which an outside expert states must be given priority for an indefinite period. There follows a shift of attention to Homo's surprise at his reaction (he withdraws), which is dwelt on much more fully, four successive sentences beginning 'Es kam ihm vor', 'Er empfand seinen Widerstand als', 'Homo staunte sehr über', and 'Er empfand bloss'. And in the second of these sentences the narrator, who usually identifies more or less with Homo, intervenes to offer a different interpretation of his own (thus, by offering his thoughts, encouraging us to devise ours too). Also a frequent Musil device for describing puzzling states appears here, the combination of an elusive abstract concept with an explanatory simile: his son has made Homo's love for his wife become 'trennbar, wie ein Stein, in den Wasser gesickert ist, das ihn immer weiter auseinander treibt.'

From this point on Homo's experience of the strangeness of all that happens will occupy the foreground. Occasional brief explanations on the social level will show that this can still be referred to at any stage; ultimately, however, it seems that the 'external world' may in very fact be subordinate to Homo's personal needs: for the international project to open up the disused Venetian gold-mines does not merely have implications for Homo's psychological state, but actually establishes contact with him the day after his wife and child leave, and is abandoned in the precise hour that he dies, more or less voluntarily, in one of the shafts.

After the opening paragraphs, the first half of *Grigia* is largely taken up with description of the valley in which the mines are located, as seen by Homo; it has an explicitly fairy-tale quality, and the language mirrors this with elements of fantasy and paradox. These elements do not predominate as in a Romantic fairy-tale. What Musil records, and the experience he offers his readers, is the fascination of a reflecting visitor to a strange variant of the familiar world, his attention dwelling on each phenomenon in turn, sometimes noting an everyday explanation in passing, never denying the overall sense of wonder, never pausing longer than need be on any one object. The apparently simple yet highly charged quality of the language, and its ever-changing style and tempo, can be checked in almost any paragraph.

Two paragraphs stand out as different, describing intrusions into the valley from the outside world. The letter Homo receives from his wife sends him into a state of rapt ecstasy; the club-room to which the leaders of the expedition retreat in the evening reproduces European civilization in grotesque abstraction. The language of both paragraphs is remarkable. After the account of the letter's reception Homo is explicitly free to settle for death in the valley; after the account of the club-room he is reported as knowing Grigia, the cow-woman whom he will persuade to lead him to that death.

Grigia is the representative through whom Homo can personally experience the valley; she has all its quaint grace and ignorance of guilt, and is described at length and with fascination, as the valley had been before: 'das alles war genau so einfach und gerade so verzaubert wie die Pferde, die Kühe und das tote Schwein'. Homo's ecstasy was also a crisis of conscience, a revelation that guilt can be experienced simply as an over-attachment to particular things; after it he embraces the conscienceless world of pattern.

This embrace can lead to death, as Odysseus sometimes feared. But Odysseus wanted to return home, and cast out the suitors, whereas Homo resigned his place at home at the very beginning. Thomas Mann's *Tod in Venedig* has often been compared, but is only one of the many variations on a widespread theme. Musil himself plays on the relationship to Ernst Theodor Amadeus Hoffmann's *Die Bergwerke zu Falun*, which illustrates a fairly simple, if fatal Oedipal fantasy. Conrad's *Heart of Darkness* also has two women, one in each world, and proclaims at length the horror of amorality.

The hero of *Die Portugiesin* presents a sharply virile contrast; the hero of *Die Amsel* seems to be kept going by intellectual curiosity. Only a few points will be made about either story.

Into the construction of *Die Amsel* there has gone something of the cunning of a crossword puzzle. A first-person narrator with a style and personality of his own introduces two characters A1 and A2, so that A2 can tell his tale to A1. A2 hardly lets A1 speak, largely anticipating any objections he could make, which suggests that in some sense he incorporates his friend in himself. The overall narrator intrudes very occasionally after the introduction to indicate that a different (and larger?) perspective may make things look different; in some sense both A1 and A2 are incorporated in him.

A2's problem, to narrate three strange incidents to his rationalistic friend in such a way that nothing is lost of their importance yet no objections are possible, is to a considerable extent an intellectual one, and the intellectual element is strong in the writing. But the style has to change to convey adequately the nature of each experience, and in fact throughout this last short story that Musil ever wrote great virtuosity is apparent. The power of the seemingly random pedantic chit-chat of the opening paragraphs impresses particularly; also the wit of A2's descriptions of everyday life ('das Ichsparkassensystem' of photograph albums); the skill in conveying elusive feelings (childhood is 'an beiden Enden nicht ganz gesichert sein und statt der Greifstangen von später noch die weissen Flanellhände haben'); the greater-than-ever abundance of simile. Sentences are modelled to represent what they describe, a particularly remarkable example occurring at the end of the second paragraph, where, as the truant groups of boys venture ever higher and further out from the interior of the school chapel, each relative clause perches ever more precariously on the end of the one before. The movement within a paragraph can be so great that only by isolating a selection of sentences can one begin to grasp it; the following come from the paragraph describing the first approach of the nightingale:

1. Ich war zu Hause geblieben und hatte mich, nachdem meine Frau zu Bett gegangen war, ins Herrenzimmer gesetzt.

2. Um zwei Uhr ist Lärmen und Lachen unten schon deutlich Trunkenheit und Späte.

3. Zwischen den Vorhängen und den Spalten der Rolläden quoll dunkles Grün auf, dünne Bänder weissen Morgenschaums schlangen sich hindurch.

4. Es ist sehr schwer zu beschreiben, aber wenn ich daran denke, ist mir, als ob mich etwas umgestülpt hätte . . .

5. Und das Zimmer war nicht hohl, sondern bestand aus einem Stoff, den es unter den Stoffen des Tages nicht gibt, einem schwarz durchsichtigen und schwarz zu durchfühlenden Stoff, aus dem auch ich bestand.

6. Die Zeit rann in fieberkleinen schnellen Pulsschlägen.

7. Weshalb sollte nicht jetzt geschehen, was sonst nie geschieht? — Es ist eine Nachtigall, was da singt! — sagte ich mir halblaut vor.

Readers will, of course, also want to consider the interconnection of the three episodes; the meaning of the association of mystic experience with a particular sort of schooling, with leaving wives who bind one to society, with closeness to death on the battlefield, and with a return to and firm grasping of some element in the child–mother relationship. They might also ponder the direct implication of a style of such prodigious ability.

The hero of *Die Portugiesin* also experiences a disintegration of personality, and feels temporarily relieved of responsibility for himself: 'Das alles aber lag in einer riesigen gütigen Hand, die so mild war wie eine Wiege und zugleich alles abwog, ohne aus der Entscheidung viel Wesens zu machen. Das mochte Gott sein'. But he expects one day to catch up with himself again, and does not ultimately seek to be left in the dark pit like Homo. His is a world of action, but a symbolic world nonetheless, for the symbolic world does not only exist for those who gaze at and think about it, but also for actors. It then takes on rather a formidable appearance, symbolic action being over life-size.

The ancestors of the Herr von Ketten (or delle Catene) came from the North, carved out for themselves a wild borderland cut off from civilization, and fetched their beautiful wives from the South. This simple and basic polarity is preserved by the hero like a stage set, for the moment he brings his wife back, he abandons her almost totally for eleven years, while he attends to the family business of securing the Ketten territory against possible threats in the world around. That this is a displacement, or at best preliminary activity, appears from its description as a familiar masculine engagement with an extensive, part-effeminate foe. Meanwhile the Portuguese wife, left alone, grows ever stronger and more mysterious, and dominates his imagination, until one day Ketten completes the task left undone by his father and grandfather before him.

'Da stach ihn, als er heimritt, eine Fliege.'

His collapse raises the question: can he *face* the hideous verticality of his own cliff, and the 'mondnächtige Zauberin' waiting in the castle atop it?

The first possibility Ketten sees once he has decided to survive is that of a tamed wolf. This rejected, an unvirile but cultivated southern gallant appears, but the symbolic world in which they live reveals the heart of this solution as a very sick kitten, which no one can tolerate indefinitely. Then Ketten finds himself climbing the unclimbable cliff—and male and female meet at last.

Such a reduced paraphrase needs much elaboration, and ultimate replacement by the original. In conclusion let it just be said that it would be erroneous to assume too easily that the story is not about everyday marriage, or that the world of symbol is just an artistic convention.

SELECT BIBLIOGRAPHY

Editions

1. *Gesammelte Werke in Einzelausgaben*, ed. Adolf Frisé. 3 Vols.
   Der Mann ohne Eigenschaften (1952; 6th edn. revised 1965).
   Tagebücher, Aphorismen, Essays und Reden (1955).
   Prosa, Dramen, Späte Briefe (1957).
   Rowohlt Verlag, Hamburg.
2. *Theater. Kritisches und Theoretisches.* Ed. Marie-Louise Roth. Rowohlt (1965).
3. *Sämtliche Erzählungen.* Rowohlt (1968).
4. *Drei Frauen.* Rowohlt paperback (1952).
5. *Die Portugiesin*, ed. A. Morriën. Meulenhoff, Amsterdam (1965).
6. *Die Amsel.* Reclam Universal-Bibliothek, Stuttgart (1967).
7. *Nachlaß zu Lebzeiten.* Rowohlt paperback (1962). (Includes *Die Amsel.*)
8. *Moderne Erzähler.* Schöningh Verlag, Paderborn, paperback series. (Vol. 4 includes *Die Portugiesin*, Vol. 18 *Die Amsel.*)

English translations

(All translated by Eithne Wilkins and Ernst Kaiser.)
1. *The Man without Qualities.* 3 Vols. Secker and Warburg, London, and Coward McCann, New York (1953–60); Panther paperback, London (1968).
2. *Tonka and Other Stories* (including *Grigia* and *The Lady from Portugal*). Secker and Warburg, London (1965). Republished as *Five Women*, Delta paperback, New York (1966).
3. *Young Törless.* Secker and Warburg, London, and Pantheon Books, New York (1955). Penguin, Harmondsworth (1961); Signet paperback, New York (1964).

General introductions

1. *Robert Musil, Leben, Werk, Wirkung*, ed. Karl Dinklage. Rowohlt (1960). (A valuable collection of essays, many by acquaintances of Musil.)
2. *Robert Musil. An Introduction to his Work*, by Burton Pike. Ithaca, N.Y. (1961). (Somewhat immature.)

3. *Robert Musil in Selbstzeugnissen und Bilddokumenten*, by Wilfried Berghahn. Rowohlts Monographien 81 (1963). (With many photographs and extensive bibliography.)
4. *Robert Musil*, by Helmut Gumtau. *Köpfe des XX. Jahrhunderts*, Vol. 25. Colloquium Verlag, Berlin (1967).

Interpretations of stories in this volume

Drei Frauen:

1. E. Allen McCormick, 'Ambivalence in Musil's "Drei Frauen": Notes on Meaning and Method' *Monatshefte*, 54 (1962), 183–96.
2. Lida Kirchberger, 'Musil's Trilogy: An Approach to "Drei Frauen"', *Monatshefte*, 55 (1963), 167–82.
3. Elizabeth Boa, 'Austrian Ironies in Musil's "Drei Frauen"', *Modern Language Review*, 63 (1968), 119–31.

Grigia:

4. J. Hermand, 'Musil's "Grigia"', *Monatshefte*, 54 (1962), 171–82.
5. Karl Tober, 'Robert Musil's "Grigia"', in *Sprachkunst als Weltgestaltung, Festschrift für Herbert Seidler*, ed. A. Haslinger. Salzburg and Munich (1966). (Frightened expertise.)
6. Carol B. Bedwell, 'Musil's "Grigia": An Analysis of Cultural Dissolution', *Seminar*, 3 (1967). (Perversely maintains that *Grigia* represents 'not the fate of an individual but a cycle of cultural history ending in disaster'.)

Die Portugiesin:

7. Paul Requadt, 'Zu Musils "Portugiesin"', *Wirkendes Wort*, 5 (1954/5), 152–8. (Well worth reading).
8. Paul Requadt, *Die Bildersprache der deutschen Italiendichtung von Goethe bis Benn*. Bern and Munich (1962).
9. Werner Zimmermann, 'Robert Musil: "Die Portugiesin"', in *Deutsche Prosadichtungen der Gegenwart* Vol. 3. Düsseldorf (1960). (Makes considerable use of Requadt's study.)

Die Amsel:

10. Benno von Wiese, *Die deutsche Novelle von Goethe bis Kafka, Interpretationen*, Vol. 2. Düsseldorf (1962), 299–318.

For further bibliographical and background information:

1. Helmut R. Boeninger, 'The Rediscovery of Robert Musil', *Modern Language Forum*, 37 (1952).

2. *Robert Musil Exhibition Catalogue*, compiled by Karl Dinklage. Klagenfurt (1963).
3. Ulrich Karthaus, 'Musil-Forschung und Musil-Deutung', *Deutsche Vierteljahrsschrift*, 39 (1965), 441–84.
4. *Germanistik* (Lists all books and articles on Musil as they appear).
5. Eithne Wilkins, 'The Musil Manuscripts and a Project for a Musil Society', *Modern Language Review*, 62 (1967), 451–8.

GRIGIA

Es gibt im Leben eine Zeit, wo es sich auffallend verlangsamt, als zögerte es weiterzugehn oder wollte seine Richtung ändern. Es mag sein, daß einem in dieser Zeit leichter ein Unglück zustößt.

Homo besaß einen kranken kleinen Sohn; das zog durch ein Jahr, ohne besser zu werden und ohne gefährlich zu sein, der Arzt verlangte einen langen Kuraufenthalt,[1] und Homo konnte sich nicht entschließen, mitzureisen. Es kam ihm vor, als würde er dadurch zu lange von sich getrennt, von seinen Büchern, Plänen und seinem Leben. Er empfand seinen Widerstand als eine große Selbstsucht, es war aber vielleicht eher eine Selbstauflösung, denn er war zuvor nie auch nur einen Tag lang von seiner Frau geschieden gewesen; er hatte sie sehr geliebt und liebte sie noch sehr, aber diese Liebe war durch das Kind trennbar geworden, wie ein Stein,[2] in den Wasser gesickert, ist, das ihn immer weiter auseinandertreibt. Homo staunte sehr über diese neue Eigenschaft der Trennbarkeit, ohne daß mit seinem Wissen und Willen je etwas von seiner Liebe abhanden gekommen wäre, und so lang die Zeit der vorbereitenden Beschäftigung mit der Abreise war, wollte ihm nicht einfallen, wie er allein den kommenden Sommer verbringen werde. Er empfand bloß einen heftigen Widerwillen gegen Bade- und Gebirgsorte. Er blieb allein zurück, und am zweiten Tag erhielt er einen Brief, der ihn einlud, sich an einer Gesellschaft zu beteiligen, welche die alten venezianischen Goldbergwerke im Fersenatal[3] wieder aufschließen wollte. Der Brief war von einem Herrn Mozart Amadeo Hoffingott, den er vor einigen Jahren auf einer Reise kennengelernt und während weniger Tage zum Freund gehabt hatte.

Trotzdem entstand in ihm nicht der leiseste Zweifel, daß es sich um eine ernste, redliche Sache handle. Er gab zwei Telegramme auf; in dem einen teilte er seiner Frau mit, daß er schon jetzt abreise und ihr seinen Aufenthalt melden werde, mit dem zweiten nahm er das Angebot an, sich als Geologe und vielleicht auch mit einem größeren Betrag Geldes an den Aufschließungsarbeiten zu beteiligen.

In P,[4] das ein Maulbeer und Wein bauendes, verschlossen reiches[5] italienisches Städtchen ist, traf er mit Hoffingott, einem großen, schönen schwarzen Mann seines eigenen Alters, zusammen, der immer in Bewegung war. Die Gesellschaft verfügte, wie er erfuhr, über gewaltige amerikanische Mittel, und die Arbeit sollte großen Stil haben. Einstweilen ging zur Vorbereitung eine Expedition talein, die aus ihnen beiden und drei Teilhabern bestand, Pferde wurden gekauft, Instrumente erwartet und Hilfskräfte angeworben.

Homo wohnte nicht im Gasthof, sondern, er wußte eigentlich nicht warum, bei einem italienischen Bekannten Hoffingotts. Es gab da drei Dinge, die ihm auffielen. Betten von einer unsagbar kühlen Weichheit in schöner Mahagonischale. Eine Tapete mit einem unsagbar wirren, geschmacklosen, aber durchaus unvollendbaren und fremden Muster. Und einen Schaukelstuhl aus Rohr; wenn man sich in diesem wiegt und die Tapete anschaut, wird der ganze Mensch zu einem auf- und niederwallenden Gewirr von Ranken,[6] die binnen zweier Sekunden aus dem Nichts zu ihrer vollen Größe anwachsen und sich wieder in sich zurückziehen.

In den Straßen war eine Luft, aus Schnee und Süden gemischt. Es war Mitte Mai. Abends waren sie von großen Bogenlampen[7] erhellt, die an quergespannten Seilen so hoch hingen, daß die Straßen darunter wie Schluchten von dunklem Blau lagen, auf deren finsteren Grund man dahingehen mußte, während sich oben im Weltraum weiß zischende Sonnen drehten. Tagsüber sah man auf Weinberg und Wald. Das hatte den Winter rot, gelb und grün überstanden; weil die Bäume das Laub nicht abwarfen, war Welk und Neu[8] durcheinandergeflochten wie in Friedhofskränzen, und kleine rote, blaue und rosa Villen staken, sehr sichtbar noch, wie verschieden gestellte Würfel darin, ein ihnen unbekanntes, eigentümliches Formgesetz empfindungslos vor aller Welt darstellend. Oben aber war der Wald dunkel und der Berg hieß Selvot.[9] Er trug über dem Wald Almböden,[10] die, verschneit, in breitem, gemäßigtem Wellenschlag über die Nachbarberge weg das kleine hart ansteigende Seitental begleiteten, in das die Expedition einrücken sollte. Kamen, um Milch zu liefern und Polenta[11] zu kaufen, Männer von diesen Bergen, so brachten sie manchmal große Drusen[12] Bergkristall oder Amethyst mit, die in vielen Spalten so üppig wachsen sollten wie anderswo Blumen auf der Wiese, und diese unheimlich schönen Märchengebilde verstärkten noch mehr den Eindruck, daß sich unter dem Aussehen dieser Gegend, das so fremd vertraut flackerte wie die Sterne in mancher Nacht, etwas sehnsüchtig Erwartetes verberge.[13] Als sie in das Gebirgstal hineinritten und um sechs Uhr Sankt Orsola[14] passierten, schlugen bei einer kleinen, eine buschige Bergrinne[15] überquerenden Steinbrücke, wenn nicht hundert, so doch sicher zwei Dutzend Nachtigallen; es war heller Tag.

Als sie drinnen waren, befanden sie sich an einem seltsamen Ort. Er hing an der Lehne eines Hügels; der Saumweg,[16] der sie hingeführt hatte, sprang zuletzt förmlich von einem großen platten Stein zum nächsten, und von ihm flossen, den Hang hinab und gewunden wie Bäche, ein paar kurze, steile Gassen in die Wiesen. Stand man am Weg, so hatte man nur vernachlässigte und dürftige Bauernhäuser vor sich, blickte man aber von den Wiesen unten herauf, so meinte man sich in ein vorweltliches Pfahldorf[17] zurückversetzt, denn die Häuser standen mit der Talseite alle auf hohen Balken, und ihre Abtritte schwebten etwas abseits von ihnen wie die Gondeln von Sänften[18] auf vier schlanken baumlangen Stangen über dem Abhang. Auch die

Landschaft um dieses Dorf war nicht ohne Sonderbarkeiten. Sie bestand aus einem mehr als halbkreisförmigen Wall hoher, oben von Schroffen[19] durchsetzter Berge, welche steil zu einer Senkung abfielen, die rund um einen in der Mitte stehenden kleineren und bewaldeten Kegel lief, wodurch das Ganze einer leeren gugelhupfförmigen[20] Welt ähnelte, von der ein kleines Stück durch den tief fließenden Bach abgeschnitten worden war, so daß sie dort klaffend gegen die hohe, zugleich mit ihm talwärts streichende andere Flanke seines Ufers lehnte, an welcher das Dorf hing. Es gab ringsum unter dem Schnee Kare[21] mit Knieholz und einigen versprengten Rehen, auf der Waldkuppe in der Mitte balzte[22] schon der Spielhahn,[23] und auf den Wiesen der Sonnseite blühten die Blumen mit gelben, blauen und weißen Sternen, die so groß waren, als hätte man einen Sack mit Talern ausgeschüttet. Stieg man aber hinter dem Dorf noch etwa hundert Fuß höher, so kam man auf einen ebenen Absatz von nicht allzugroßer Breite, den Äcker, Wiesen, Heuställe und verstreute Häuser bedeckten, während von einer gegen das Tal zu vorspringenden Bastion die kleine Kirche in die Welt hinausblickte, welche an schönen Tagen fern vor dem Tal wie das Meer vor einer Flußmündung lag; man konnte kaum unterscheiden, was noch goldgelbe Ferne des gesegneten Tieflands war, und wo schon die unsicheren Wolkenböden des Himmels begonnen hatten.

Es war ein schönes Leben, das da seinen Anfang nahm. Tagsüber auf den Bergen, bei alten verschütteten Stolleneingängen[24] und neuen Schürfversuchen,[25] oder auf den Wegen das Tal hinaus, wo eine breite Straße gelegt werden sollte; in einer riesigen Luft, die schon sanft und schwanger von der kommenden Schneeschmelze war. Sie schütteten Geld unter die Leute und walteten wie die Götter. Sie beschäftigten alle Welt, Männer und Frauen. Aus den Männern bildeten sie Arbeitspartien und verteilten sie auf die Berge, wo sie wochenüber verbleiben mußten, aus den Weibern formierten sie Trägerkolonnen,[26] welche ihnen Werkzeugersatz und Proviant auf kaum wegsamen Steigen nachschafften. Das steinerne Schulhaus ward in eine Faktorei [27] verwandelt, wo die Waren aufbewahrt und verladen wurden; dort rief eine scharfe Herrenstimme aus den schwatzend wartenden Weibern eins nach dem andern vor, und es wurde der große leere Rückenkorb so lang befrachtet, bis die Knie sich bogen und die Halsadern anschwollen. War solch ein hübsches junges Weib beladen, so hing ihm der Blick bei den Augen heraus und die Lippen blieben offenstehn; es trat in die Reihe, und auf das Zeichen begannen diese stillgewordenen Tiere hintereinander langsam in langen Schlangenwegen ein Bein vor das andre bergan zu setzen. Aber sie trugen köstliche, seltene Last, Brot, Fleisch und Wein, und mit den Eisengeräten mußte man nicht ängstlich umgehn, so daß außer dem Barlohn gar manches Brauchbare für die Wirtschaft abfiel, [28] und darum trugen sie es gerne und dankten noch den Männern, welche den Segen in die Berge gebracht hatten. Und das war ein herrliches Gefühl; man wurde hier nicht, wie sonst überall in der Welt, geprüft, was für ein Mensch man sei — ob verläßlich, mächtig und zu fürchten oder zierlich und schön —, sondern was immer für ein Mensch man war und und wie immer man über die Dinge des Lebens dachte, man fand Liebe, weil man den Segen gebracht hatte; sie lief wie ein Herold voraus, sie war überall wie ein frisches Gastbett bereitet, und der Mensch trug Willkommgeschenke in den Augen. Die Frauen durften das frei ausströmen lassen, aber manchmal, wenn man an einer Wiese vorbeikam, vermochte auch ein alter Bauer dort zu stehn und winkte mit der Sense wie der leibhaftige Tod. [29]

Es lebten übrigens merkwürdige Leute in diesem Talende. Ihre Voreltern waren zur Zeit der tridentinischen [30] Bischofsmacht als Bergknappen [31] aus Deutschland gekommen, und sie saßen heute noch eingesprengt wie ein verwitterter deutscher Stein zwischen den Italienern. Die Art ihres alten Lebens hatten sie halb bewahrt und halb vergessen, und was sie davon bewahrt hatten, verstanden sie wohl selbst nicht mehr. Die Wildbäche [32] rissen ihnen im Frühjahr den Boden weg, es gab Häuser, die einst auf einem Hügel und jetzt am Rand eines Abgrunds standen, ohne daß sie etwas dagegen taten, und umgekehrten Wegs spülte ihnen die neue Zeit allerhand ärgsten Unrat in die Häuser. Da gab es billige polierte Schränke, scherzhafte Postkarten und Öldruckbilder, aber manchmal war ein Kochgeschirr da, aus dem schon zur Zeit Martin Luthers gegessen worden sein mochte. Sie waren nämlich Protestanten; aber wenn es wohl auch nichts als dieses zähe Festhalten an ihrem Glauben war, was sie vor der Verwelschung [33] geschützt hatte, so waren sie dennoch keine guten Christen. Da sie arm waren, verließen fast alle Männer kurz nach der Heirat ihre Frauen und gingen für Jahre nach Amerika; wenn sie zurückkamen, brachten sie ein wenig erspartes Geld mit, die Gewohnheiten der städtischen Bordelle und die Ungläubigkeit, aber nicht den scharfen Geist der Zivilisation.

Homo hörte gleich zu Beginn eine Geschichte erzählen, die ihn ungemein beschäftigte. Es war nicht lange her, mochte so etwa in den letzten fünfzehn Jahren stattgefunden haben, daß ein Bauer, der lange Zeit fortgewesen war, aus Amerika zurückkam und sich wieder zu seiner Frau in die Stube legte. Sie freuten sich einige Zeit, weil sie wieder vereint waren, und ließen es sich gutgehen, bis die letzten Ersparnisse weggeschmolzen waren. Als da die neuen Ersparnisse, die aus Amerika nachkommen sollten, noch immer nicht eingetroffen waren, machte sich der Bauer auf, um — wie es alle Bauern dieser Gegend taten — den Lebensunterhalt draußen durch Hausieren [34] zu gewinnen, während die Frau die uneinträgliche [35] Wirtschaft wieder weiter besorgte. Aber er kehrte nicht mehr zurück. Dagegen traf wenige Tage später auf einem von diesem abgelegenen Hofe der Bauer aus Amerika ein, erzählte seiner Frau auf den Tag genau, wie lange es her sei, verlangte zu essen, was sie damals am Tag des Abschieds gegessen hatten, wußte noch mit der Kuh Bescheid, [36] die längst nicht mehr da war, und fand sich mit den Kindern in einer anständigen Weise zurecht, die ihm ein anderer Himmel beschert hatte als der, den er inzwischen über seinem Kopf getragen hatte. Auch dieser Bauer ging nach einer Weile des Behagens und Wohllebens auf die Wanderschaft mit dem Kram und kehrte nicht mehr zurück. Das ereignete sich in der Gegend noch ein drittes und viertes Mal, bevor man darauf kam, daß es ein Schwindler war, der drüben mit den Männern zusammen gearbeitet und sie ausgefragt hatte. Er wurde irgendwo von den Behörden festgenommen und eingesperrt, und keine sah ihn mehr wieder. Das soll allen leid getan haben, denn jede hätte ihn gern noch ein paar Tage gehabt und ihn mit ihrer Erinnerung verglichen, um sich nicht auslachen lassen zu müssen; denn jede wollte wohl gleich etwas gemerkt haben, das nicht ganz zum Gedächtnis stimmte, aber keine war dessen so sicher gewesen, daß man es hätte darauf ankommen lassen können und dem in seine Rechte wiederkehrenden Mann Schwierigkeiten machen wollte.

So waren diese Weiber. Ihre Beine staken in braunen Woll-kitteln [37] mit handbreiten roten, blauen oder orangenen Borten, und die Tücher, die sie am Kopf und gekreuzt über der Brust trugen, waren billiger Kattundruck moderner Fabrikmuster, aber durch irgend etwas in den Farben oder deren Verteilung wiesen sie weit in die Jahrhunderte der Altvordern zurück. Das war viel älter als Bauerntrachten sonst, weil es nur ein Blick war, verspätet, durch all die Zeiten gewandert, trüb und schwach angelangt, aber man fühlte ihn dennoch deutlich auf sich ruhn, wenn man sie ansah. Sie trugen Schuhe, die wie Einbäume [38] aus einem Stück Holz geschnitten waren, und an der Sohle hatten sie wegen der schlechten Wege zwei messerartige Eisenstege, [39] auf denen sie in ihren blauen und braunen Strümpfen gingen wie die Japanerinnen. Wenn sie warten mußten, setzten sie sich nicht auf den Wegrand, sondern auf die flache Erde des Pfads und zogen die Knie hoch wie die Neger. Und wenn sie, was zuweilen geschah, auf ihren Eseln die Berge hinanritten, dann saßen sie nicht auf ihren Röcken, sondern wie Männer und mit unempfindlichen Schenkeln auf den scharfen Holzkanten der Tragsättel, hatten wieder die Beine unziemlich hochgezogen und ließen sich mit einer leise schaukelnden Bewegung des ganzen Oberkörpers tragen.

Sie verfügten aber auch über eine verwirrend freie Freundlichkeit und Liebenswürdigkeit. «Treten Sie bitte ein», sagten sie aufrecht wie die Herzoginnen, wenn man an ihre Bauerntür klopfte, oder wenn man eine Weile mit ihnen stand und im Freien plauderte, konnte plötzlich eine mit der höchsten Höflichkeit und Zurückhaltung fragen: «Darf ich Ihnen nicht den Mantel halten?» Als Doktor Homo einmal einem reizenden vierzehnjährigen Mädel sagte, «Komm ins Heu» — nur so, weil ihm das Heu plötzlich so natürlich erschien wie für Tiere das Futter —, da erschrak dieses Kindergesicht unter dem spitz vorstehenden Kopftuch der Altvordern keineswegs, sondern schnob nur heiter aus Nase und Augen, die Spitzen ihrer kleinen Schuhboote kippten um die Fersen hoch, und mit geschultertem Rechen [40] wäre sie beinahe aufs zurückschnellende Gesäß gefallen, wenn das Ganze nicht bloß ein Ausdruck lieblich ungeschickten Erstaunens über die Begehrlichkeit des Manns hätte sein sollen, wie in der komischen Oper. Ein andermal fragte er eine große Bäurin, die aussah wie eine deutsche Wittib [41] am Theater, «bist du noch eine Jungfrau, sag?!» und faßte sie am Kinn — wieder nur so, weil die Scherze doch etwas Mannsgeruch haben sollen; die aber ließ das Kinn ruhig auf seiner Hand ruhn und antwortete ernst: «Ja, natürlich.» Homo verlor da fast die Führung; «Du bist noch eine Jungfrau?!» wunderte er sich schnell und lachte. Da kicherte sie mit. «Sag!?» drang er jetzt näher und schüttelte sie spielend am Kinn. Da blies sie ihm ins Gesicht und lachte: «Gewesen!»

«Wenn ich zu dir komm, was krieg ich?» frug es sich weiter.

«Was Sie wollen.»

«Alles, was ich will?»

«Alles.»

«Wirklich alles?!»

«Alles! Alles!!» und das war eine so vorzüglich und leidenschaftlich gespielte Leidenschaft, daß diese Theaterechtheit auf sechzehnhundert Meter Höhe ihn sehr verwirrte. Er wurde es nicht mehr los, daß dieses Leben, welches heller und würziger war als jedes Leben zuvor, gar nicht mehr Wirklichkeit, sondern ein in der Luft schwebendes Spiel sei.

Es war inzwischen Sommer geworden.[42] Als er zum erstenmal die Schrift seines kranken Knaben auf einem ankommenden Brief gesehen hatte, war ihm der Schreck des Glücks und heimlichen Besitzes von den Augen bis in die Beine gefahren; daß sie jetzt seinen Aufenthaltsort wußten, erschien ihm wie eine ungeheure Befestigung. Er ist hier, oh, man wußte nun alles, und er brauchte nichts mehr zu erklären. Weiß und violett, grün und braun standen die Wiesen. Er war kein Gespenst. Ein Märchenwald von alten Lärchenstämmen, zartgrün behaarten, stand auf smaragdener Schräge.[43] Unter dem Moos mochten violette und weiße Kristalle leben. Der Bach fiel einmal mitten im Wald über einen Stein so, daß er aussah wie ein großer silberner Steckkamm.[44] Er beantwortete nicht mehr die Briefe seiner Frau. Zwischen den Geheimnissen dieser Natur war das Zusammengehören eines davon.[45] Es gab eine zart scharlachfarbene Blume, es gab diese in keines anderen Mannes Welt, nur in seiner, so hatte es Gott geordnet, ganz als ein Wunder. Es gab eine Stelle am Leib, die wurde versteckt und niemand durfte sie sehn, wenn er nicht sterben sollte, nur einer. Das kam ihm in diesem Augenblick so wundervoll unsinnig und unpraktisch vor, wie es nur eine tiefe Religion sein kann. Und er erkannte jetzt erst, was er getan hatte, indem er sich für diesen Sommer absonderte und von seiner eigenen Strömung treiben ließ, die ihn erfaßt hatte. Er sank zwischen den Bäumen mit den giftgrünen[46] Bärten aufs Knie, breitete die Arme aus, was er so noch nie in seinem Leben

getan hatte, und ihm war zu Mut, als hätte man ihm in diesem
Augenblick sich selbst aus den Armen genommen. Er fühlte die
Hand seiner Geliebten in seiner, ihre Stimme im Ohr, alle Stellen
seines Körpers waren wie eben erst berührt, er empfand sich
selbst wie eine von einem anderen Körper gebildete Form. Aber
er hatte sein Leben außer Kraft gesetzt. Sein Herz war demütig
vor der Geliebten und arm wie ein Bettler geworden, beinahe
strömten ihm Gelübde und Tränen aus der Seele. Dennoch
stand es fest, daß er nicht umkehrte,[47] und seltsamerweise war
mit seiner Aufregung ein Bild der rings um den Wald blühenden
Wiesen verbunden, und trotz der Sehnsucht nach Zukunft das
Gefühl, daß er da, zwischen Anemonen, Vergißmeinnicht,
Orchideen, Enzian und dem herrlich grünbraunen Sauerampfer
tot liegen werde. Er streckte sich am Moose aus. «Wie ich dich
hinübernehme?» fragte sich Homo. Und sein Körper fühlte sich
sonderbar müd wie ein starres Gesicht, das von einem Lächeln
aufgelöst wird. Da hatte er nun immer gemeint, in der Wirklichkeit zu leben, aber war etwas unwirklicher, als daß ein Mensch
für ihn etwas anderes war als alle anderen Menschen? Daß es
unter den unzähligen Körpern einen gab, von dem sein inneres
Wesen fast ebenso abhing wie von seinem eigenen Körper?
Dessen Hunger und Müdigkeit, Hören und Sehen mit seinem
zusammenhing? Als das Kind aufwuchs, wuchs das, wie die
Geheimnisse des Bodens in ein Bäumchen, in irdisches Sorgen
und Behagen hinein. Er liebte sein Kind, aber wie es sie überleben
würde, hatte es noch früher den jenseitigen Teil getötet. Und es
wurde ihm plötzlich heiß von einer neuen Gewißheit. Er war
kein dem Glauben zugeneigter Mensch, aber in diesem Augenblick war sein Inneres erhellt. Die Gedanken erleuchteten so
wenig wie dunstige Kerzen in dieser großen Helle seines Gefühls,
es war nur ein herrliches, von Jugend umflossenes Wort:
Wiedervereinigung da. Er nahm sie in alle Ewigkeiten immer
mit sich, und in dem Augenblick, wo er sich diesem Gedanken
hingab, waren die kleinen Entstellungen, welche die Jahre der

Geliebten zugefügt hatten, von ihr genommen, es war ein ewiger erster Tag. Jede weltläufige Betrachtung versank, jede Möglichkeit des Überdrusses und der Untreue, denn niemand wird die Ewigkeit für den Leichtsinn einer Viertelstunde opfern, und er erfuhr zum erstenmal die Liebe ohne allen Zweifel als ein himmlisches Sakrament. Er erkannte die persönliche Vorsehung, welche sein Leben in diese Einsamkeit gelenkt hatte, und fühlte wie einen gar nicht mehr irdischen Schatz, sondern wie eine für ihn bestimmte Zauberwelt den Boden mit Gold und Edelsteinen unter seinen Füßen.

Von diesem Tag an war er von einer Bindung befreit, wie von einem steifen Knie oder einem schweren Rucksack. Der Bindung an das Lebendigseinwollen, dem Grauen vor dem Tode. Es geschah ihm nicht, was er immer kommen geglaubt hatte, wenn man bei voller Kraft sein Ende nahe zu sehen meint, daß man das Leben toller und durstiger genießt, sondern er fühlte sich bloß nicht mehr verstrickt[48] und voll einer herrlichen Leichtheit, die ihn zum Sultan seiner Existenz machte.

Die Bohrungen[49] hatten zwar nicht recht vorwärts geführt, aber es war ein Goldgräberleben, das sie umspann. Ein Bursche hatte Wein gestohlen, das war ein Verbrechen gegen das gemeine Interesse, dessen Bestrafung allgemein auf Billigung rechnen konnte, und man brachte ihn mit gebundenen Händen. Mozart Amadeo Hoffingott ordnete an, daß er zum abschreckenden Beispiel tag- und nachtlang an einen Baum gebunden stehen sollte. Aber als der Werkführer mit dem Strick[50] kam, ihn zum Spaß eindrucksvoll hin und her schwenkte und ihn zunächst über einen Nagel hing, begann der Junge am ganzen Leib zu zittern, weil er nicht anders dachte, als daß er aufgeknüpft[51] werden solle. Ganz das gleiche geschah, obwohl das schwer zu begründen wäre, wenn Pferde eintrafen, ein Nachschub von außen oder solche, die für einige Tage Pflege herabgeholt worden waren: sie standen dann in Gruppen auf der Wiese oder legten sich nieder, aber sie gruppierten sich immer irgendwie scheinbar regellos in die Tiefe, so daß es nach einem geheim verabredeten ästhetischen Gesetz genauso aussah wie die Erinnerungen an die kleinen grünen, blauen und rosa Häuser unter dem Selvot. Wenn sie aber oben waren und die Nacht über in irgendeinem Bergkessel[52] angebunden standen, zu je dreien oder vieren an einem umgelegten Baum, und man war um drei Uhr im Mondlicht aufgebrochen und kam jetzt um halb fünf des Morgens vorbei, dann schauten sich alle nach dem um, der vorbeiging, und man fühlte in dem wesenlosen Frühmorgenlicht sich als einen Gedanken in einem sehr langsamen Denken. Da Diebstähle und mancherlei Unsicheres vorkamen, hatte man rings in der Umgebung alle Hunde aufgekauft, um sie zur Bewachung zu benützen. Die Streiftrupps[53] brachten sie in großen Rudeln herbei, zu zweit oder dritt an Stricken geführt ohne Halsband. Das waren nun mit einemmal ebenso viel Hunde wie Menschen am Ort, und man mochte sich fragen, welche von beiden Gruppen sich eigentlich auf dieser Erde als Herr im eigenen Hause fühlen dürfe und welche nur als angenommener Hausgenosse. Es waren vornehme Jagdhunde darunter, venezianische Bracken, wie man sie in dieser Gegend noch zuweilen hielt, und bissige Hausköter[54] wie böse kleine Affen. Sie standen in Gruppen, die sich, man wußte nicht warum, zusammengefunden hatten und fest zusammenhielten, aber von Zeit zu Zeit fielen sie in jeder Gruppe wütend übereinander her. Manche waren halbverhungert, manche verweigerten die Nahrung; ein kleiner weißer fuhr dem Koch an die Hand, als er ihm die Schüssel mit Fleisch und Suppe hinstellen wollte, und biß ihm einen Finger ab. — Um halb vier Uhr des Morgens war es schon ganz hell, aber die Sonne war noch nicht zu sehen. Wenn man da oben am Berg an den Malgen[55] vorbeikam, lagen die Rinder auf den Wiesen in der Nähe halb wach und halb schlafend. In mattweißen steinernen großen Formen lagen sie auf den eingezogenen Beinen, den Körper hinten etwas zur Seite hängend; sie blickten den Vorübergehenden nicht an, noch ihm nach, sondern hielten das Antlitz

unbewegt dem erwarteten Licht entgegen, und ihre gleichförmig
langsam mahlenden Mäuler schienen zu beten. Man durchschritt
ihren Kreis wie den einer dämmrigen erhabenen Existenz, und
wenn man von oben zurückblickte, sahen sie wie weiß hinge-
streute stumme Violinschlüssel[56] aus, die von der Linie des
Rückgrats, der Hinterbeine und des Schweifs gebildet wurden.
Überhaupt gab es viel Abwechslung. Zum Beispiel, es brach
einer ein Bein und zwei Leute trugen ihn auf den Armen
vorbei. Oder es wurde plötzlich «Feu . . . er» gerufen, und alles
lief, um sich zu decken, denn für den Wegbau wurde ein großer
Stein gesprengt. Ein Regen wischte gerade mit den ersten Strichen
naß über das Gras.[57] Unter einem Strauch am anderen Bachufer
brannte ein Feuer, das man über das neue Ereignis vergessen
hatte, während es bis dahin sehr wichtig gewesen war; als einziger Zuseher stand daneben jetzt nur noch eine junge Birke. An
diese Birke war mit einem in der Luft hängenden Bein noch das
schwarze Schwein gebunden; das Feuer, die Birke und das
Schwein sind jetzt allein. Dieses Schwein hatte schon geschrien,
als es ein einzelner bloß am Strick führte und ihm gut zusprach,
doch weiter zu kommen. Dann schrie es lauter, als es zwei andre
Männer erfreut auf sich zurennen sah. Erbärmlich, als es bei den
Ohren gepackt und ohne Federlesens[58] vorwärtsgezerrt wurde.
Es stemmte sich mit den vier Beinen dagegen, aber der Schmerz
in den Ohren zog es in kurzen Sprüngen vorwärts. Am andern
Ende der Brücke hatte schon einer nach der Hacke gegriffen
und schlug es mit der Schneide gegen die Stirn. Von diesem
Augenblick an ging alles viel mehr in Ruhe. Beide Vorderbeine
brachen gleichzeitig ein, und das Schweinchen schrie erst wieder,
als ihm das Messer schon in der Kehle stak; das war zwar ein gellen-
des, zuckendes Trompeten, aber es sank gleich zu einem Röcheln
zusammen, das nur noch wie ein pathetisches Schnarchen war.
Das alles bemerkte Homo zum ersten Mal in seinem Leben.

　　Wenn es Abend geworden war, kamen alle im kleinen Pfarr-
hof zusammen, wo sie ein Zimmer als Kasino[59] gemietet hatten.

Freilich war das Fleisch, das nur zweimal der Woche den langen Weg heraufkam, oft etwas verdorben, und man litt nicht selten an einer mäßigen Fleischvergiftung. Trotzdem kamen alle, sobald es dunkel wurde, mit ihren kleinen Laternen die unsichtbaren Wege dahergestolpert. Denn sie litten noch mehr als an Fleischvergiftung an Traurigkeit und Öde, obgleich es so schön war. Sie spülten es mit Wein aus.[60] Eine Stunde nach Beginn lag in dem Pfarrzimmer eine Wolke von Traurigkeit und Tanz. Das Grammophon räderte[61] hindurch wie ein vergoldeter Blechkarren[62] über eine weiche, von wundervollen Sternen besäte Wiese. Sie sprachen nichts mehr miteinander, sondern sie sprachen. Was hätten sie sich sagen sollen, ein Privatgelehrter, ein Unternehmer, ein ehemaliger Strafanstaltsinspektor, ein Bergingenieur, ein pensionierter Major? Sie sprachen in Zeichen — mochten das trotzdem auch Worte sein: des Unbehagens, des relativen Behagens, der Sehnsucht —, eine Tiersprache. Oft stritten sie unnötig lebhaft über irgendeine Frage, die keinen etwas anging, beleidigten einander sogar, und am nächsten Tag gingen Kartellträger[63] hin und her. Dann stellte sich heraus, daß eigentlich überhaupt niemand anwesend gewesen war. Sie hatten es nur getan, weil sie die Zeit totschlagen mußten, und wenn sie auch keiner von ihnen je wirklich gelebt hatte,[64] kamen sie sich doch roh wie die Schlächter vor und waren gegeneinander erbittert.

Es war die überall gleiche Einheitsmasse[65] von Seele: Europa. Ein so unbestimmtes Unbeschäftigtsein,[66] wie es sonst die Beschäftigung war. Sehnsucht nach Weib, Kind, Behaglichkeit. Und zwischendurch immer von neuem das Grammophon. Rosa, wir fahr'n nach Lodz, Lodz, Lodz . . . und Komm in meine Liebeslaube[67] . . . Ein astraler Geruch von Puder, Gaze, ein Nebel von fernem Varieté und europäischer Sexualität. Unanständige Witze zerknallten zu Gelächter und fingen alle immer wieder mit den Worten an: Da ist einmal ein Jud auf der Eisenbahn gefahren . . .; nur einmal fragte einer: Wieviel Rattenschwänze braucht man von der Erde zum Mond? Da wurde es sogar still, und der Major ließ Tosca spielen und sagte, während das Grammophon zum Loslegen ausholte,[68] melancholisch: «Ich habe einmal die Geraldine Farrar heiraten wollen.» Dann kam ihre Stimme aus dem Trichter[69] in das Zimmer und stieg in einen Lift, diese von den betrunkenen Männern angestaunte Frauenstimme, und schon fuhr der Lift mit ihr wie rasend in die Höhe, kam an kein Ziel, senkte sich wieder, federte in der Luft. Ihre Röcke blähten sich vor Bewegung, dieses Auf und Nieder, dieses eine Weile lang angepreßt Stilliegen an einem Ton, und wieder sich Heben und Sinken, und bei alldem dieses Verströmen, und immer doch noch von einer neuen Zuckung Gefaßtwerden, und wieder Ausströmen: war Wollust. Homo fühlte, es war nackt jene auf alle Dinge in den Städten verteilte Wollust, die sich von Totschlag, Eifersucht, Geschäften, Automobilrennen nicht mehr unterscheiden kann — ah, es war gar nicht mehr Wollust, es war Abenteuersucht —, nein, es war nicht Abenteuersucht, sondern ein aus dem Himmel niederfahrendes Messer, ein Würgengel, Engelswahnsinn, der Krieg? Von einem der vielen langen Fliegenpapiere, die von der Decke herabhingen, war vor ihm eine Fliege heruntergefallen und lag vergiftet am Rücken, mitten in einer jener Lachen, zu denen in den kaum merklichen Falten des Wachstuchs das Licht der Petroleumlampen zusammenfloß; sie waren so vorfrühlingstraurig, als ob nach Regen ein starker Wind gefegt hätte. Die Fliege machte ein paar immer schwächer werdende Anstrengungen, um sich aufzurichten, und eine zweite Fliege, die am Tischtuch äste,[70] lief von Zeit zu Zeit hin, um sich zu überzeugen, wie es stünde. Auch Homo sah ihr genau zu, denn die Fliegen waren hier eine große Plage. Als aber der Tod kam, faltete die Sterbende ihre sechs Beinchen ganz spitz zusammen und hielt sie so in die Höhe, dann starb sie in ihrem blassen Lichtfleck am Wachstuch wie in einem Friedhof von Stille, der nicht in Zentimetermaßen und nicht für Ohren, aber doch vorhanden war. Jemand erzählte gerade: «Das soll einer

einmal wirklich ausgerechnet haben, daß das ganze Haus Roth-
schild nicht so viel Geld hat, um eine Fahrkarte dritter Klasse
bis zum Mond zu bezahlen.» Homo sagte leise vor sich hin:
«Töten, und doch Gott spüren; Gott spüren und doch töten?»
und er schnellte mit dem Zeigefinger dem ihm gegenübersitzenden
Major die Fliege gerade ins Gesicht, was wieder einen Zwischen-
fall gab der bis zum nächsten Abend vorhielt.

  Damals hatte er schon lange Grigia kennengelernt, und
vielleicht kannte sie der Major auch. Sie hieß Lene Maria Lenzi;
das klang wie Selvot und Gronleit oder Malga Mendana, nach
Amethystkristallen und Blumen, er aber nannte sie noch lieber
Grigia, mit langem I und verhauchtem Dscha, nach der Kuh,
die sie hatte, und Grigia, die Graue, rief. Sie saß dann, mit ihrem
violett-braunen Rock und dem gesprenkelten Kopftuch, am
Rand ihrer Wiese, die Spitzen der Holländerschuhe in die Luft
gekrümmt, die Hände auf der bunten Schürze verschränkt,[71] und
sah so natürlich lieblich aus wie ein schlankes giftiges Pilzchen,
während sie der in der Tiefe weidenden Kuh von Zeit zu Zeit ihre
Weisungen gab. Eigentlich bestanden sie nur aus den vier Worten «Geh ea!» und «Geh aua!», was soviel zu bedeuten schien wie
‹komm her› und ‹komm herauf›, wenn sich die Kuh zu weit
entfernte; versagte aber Grigias Dressur, so folgte dem ein heftig
entrüstetes: «Wos, Teufi, do geh hea[72]», und als letzte Instanz[73]
polterte sie wie ein Steinchen selbst die Wiese hinab, das nächste
Stück Holz in der Hand, das sie aus Wurfdistanz nach der Grauen
sandte. Da Grigia aber einen ausgesprochenen Hang hatte, sich
immer wieder talwärts zu entfernen, wiederholte sich der Vorgang in allen seinen Teilen mit der Regelmäßigkeit eines sin-
kenden und stets von neuem aufgewundenen Pendelgewichts.
Weil das so paradiesisch sinnlos war, neckte er sie damit, indem
er sie selbst Grigia rief. Er konnte sich nicht verhehlen, daß sein
Herz lebhafter schlug, wenn er sich der so Sitzenden aus der Ferne
nahte; so schlägt es, wenn man plötzlich in Tannenduft eintritt
oder in die würzige Luft, die von einem Waldboden aufsteigt,

der viele Schwämme trägt. Es blieb immer etwas Grauen vor der Natur in diesem Eindruck enthalten, und man darf sich nicht darüber täuschen, daß die Natur nichts weniger als natürlich ist; sie ist erdig, kantig, giftig und unmenschlich in allem, wo ihr der Mensch nicht seinen Zwang auferlegt. Wahrscheinlich war es gerade das, was ihn an die Bäuerin band, und zur anderen Hälfte war es ein nimmermüdes Staunen, weil sie so sehr einer Frau glich. Man würde ja auch staunen, wenn man mitten im Holz eine Dame mit einer Teetasse sitzen sähe.

Bitte, treten Sie ein, hatte auch sie gesagt, als er zum erstenmal an ihre Tür klopfte. Sie stand am Herd und hatte einen Topf am Feuer; da sie nicht wegkonnte, wies sie bloß höflich auf die Küchenbank, später erst wischte sie die Hand lächelnd an der Schürze ab und reichte sie den Besuchern; es war eine gut geformte Hand, so samten rauh wie feinstes Sandpapier oder rieselnde Gartenerde. Und das Gesicht, das zu ihr gehörte, war ein ein wenig spöttelndes Gesicht, mit einer feinen, graziösen Gratlinie,[74] wenn man es von der Seite ansah, und einem Mund, der ihm sehr auffiel. Dieser Mund war geschwungen wie Kupidos Bogen, aber außerdem war er gepreßt, so wie wenn man Speichel schluckt, was ihm in all seiner Feinheit eine entschlossene Roheit, und dieser Roheit wieder einen kleinen Zug von Lustigkeit gab, was trefflich zu den Schuhen paßte, aus welchen das Figürchen herauswuchs wie aus wilden Wurzeln. — Es galt irgendein Geschäft zu besprechen, und als sie fortgingen, war wieder das Lächeln da, und die Hand ruhte vielleicht einen Augenblick länger in der seinen als beim Empfang. Diese Eindrücke, die in der Stadt so bedeutungslos wären, waren hier in der Einsamkeit Erschütterungen, nicht anders, als hätte ein Baum seine Äste bewegen wollen in einer Weise, die durch keinen Wind oder eben wegfliegenden Vogel zu erklären war.

Kurze Zeit danach war er der Geliebte einer Bauernfrau geworden; diese Veränderung, die mit ihm vorgegangen war, beschäftigte ihn sehr, denn ohne Zweifel war da nicht etwas durch ihn, sondern mit ihm geschehen. Als er das zweitemal gekommen war, hatte sich Grigia gleich zu ihm auf die Bank gesetzt, und als er ihr zur Probe, wie weit er schon gehen dürfe, die Hand auf den Schoß legte und ihr sagte, du bist hier die Schönste, ließ sie seine Hand auf ihrem Schenkel ruhen, legte bloß ihre darauf, und damit waren sie versprochen. Nun küßte er sie auch zum Siegel, und ihre Lippen schnalzten[75] danach, so wie sich Lippen befriedigt von einem Trinkgefäß lösen, dessen Rand sie gierig umfaßt hielten. Er erschrak sogar anfangs ein wenig über diese gemeine Weise und war gar nicht bös, als sie sein weiteres Vordringen abwehrte; er wußte nicht warum, er verstand hier überhaupt nichts von den Sitten und Gefahren und ließ sich neugierig auf ein andermal vertrösten. Beim Heu, hatte Grigia gesagt, und als er schon in der Tür stand und auf Wiedersehen sagte, sagte sie «auf's g'schwindige Wiederseh'n» und lächelte ihm zu.

Er war noch am Heimweg, da wurde er schon glücklich über das Geschehene; so wie ein heißes Getränk plötzlich nachher zu wirken beginnt. Der Einfall, zusammen in den Heustall zu gehn — man öffnet ein schweres hölzernes Tor, man zieht es zu, und bei jedem Grad, um den es sich in den Angeln dreht, wächst die Finsternis, bis man am Boden eines braunen, senkrecht stehenden Dunkels hockt —, freute ihn wie eine kindliche List. Er dachte an die Küsse zurück und fühlte sie schnalzen, als hätte man ihm einen Zauberring um den Kopf gelegt. Er stellte sich das Kommende vor und mußte wieder an die Bauernart zu essen denken; sie kauen langsam, schmatzend,[76] jeden Bissen würdigend, so tanzen sie auch, Schritt um Schritt, und wahrscheinlich ist alles andere ebenso; er wurde so steif in den Beinen vor Aufregung bei diesen Vorstellungen, als stäken seine Schuhe schon etwas im Boden. Die Frauen schließen die Augendeckel und machen ein ganz steifes Gesicht, eine Schutzmaske, damit man sie nicht durch Neugierde stört; sie lassen sich kaum ein Stöhnen

entreißen, regungslos wie Käfer, die sich tot stellen, konzen-
trieren sie alle Aufmerksamkeit auf das, was mit ihnen vorgeht.
Und so geschah es auch; Grigia scharrte mit der Kante der Sohle
das bißchen Winterheu, das noch da war, zu einem Häuflein
zusammen und lächelte zum letztenmal, als sie sich nach dem
Saum ihres Rockes bückte wie eine Dame, die sich das Strumpf-
band richtet.

Das alles war genau so einfach und gerade so verzaubert wie
die Pferde, die Kühe und das tote Schwein. Wenn sie hinter den
Balken waren und außen polterten schwere Schuhe auf dem
Steinweg heran, schlugen vorbei und verklangen, so pochte ihm
das Blut bis in den Hals, aber Grigia schien schon am dritten
Schritt zu erraten, ob die Schuhe herwollten oder nicht. Und sie
hatte Zauberworte. Die Nos,[77] sagte sie etwa, und statt Bein der
Schenken.[78] Der Schurz war die Schürze. Tragt viel aus,[79]
bewunderte sie, und geliegen han i an bißl ins Bett eini,[80] machte
es unter verschlafenen Augen.[81] Als er ihr einmal drohte, nicht
mehr zu kommen, lachte sie: «I glock an bei ihm!»[82] und da
wußte er nicht, ob er erschrak oder glücklich war, und das mußte
sie bemerkt haben, denn sie fragte: «Reut's ihn? Viel reut's
ihn?» Das waren so Worte wie die Muster der Schürzen und
Tücher und die farbigen Borten oben am Strumpf, etwas ange-
glichen der Gegenwart schon durch die Weite der Wanderschaft,
aber geheimnisvolle Gäste. Ihr Mund war voll von ihnen, und
wenn er ihn küßte, wuße er nie, ob er dieses Weib liebte, oder
ob ihm ein Wunder bewiesen werde, und Grigia nur der Teil
einer Sendung war, die ihn mit seiner Geliebten in Ewigkeit weiter
verknüpfte. Einmal sagte ihm Grigia geradezu: «Denken tut er
was ganz andres, i seh's ihm eini»,[83] und als er eine Ausflucht
gebrauchte, meinte sie nur, «ah, das is an extrige Sküß». Er fragte
sie, was das heißen solle, aber sie wollte nicht mit der Sprache
heraus, und er mußte selbst erst lange nachdenken, bis er soviel
aus ihr herausfragen konnte, um zu erraten, daß hier vor zwei-
hundert Jahren auch französische Bergknappen gelebt hatten, und

daß es einmal vielleicht excuse geheißen habe. Aber es konnte auch etwas Seltsameres sein.

Man mag das nun stark empfinden oder nicht. Man mag Grundsätze haben, dann ist es nur ein ästhetischer Scherz, den man eben mitnimmt. Oder man hat keine Grundsätze, oder sie haben sich vielleicht eben etwas gelöst, wie es bei Homo der Fall war, als er reiste, dann kann es geschehen, daß diese fremden Lebenserscheinungen Besitz von dem ergreifen, was herrenlos geworden ist. Sie gaben ihm aber kein neues, von Glück ehrgeizig und erdfest gewordenes Ich, sondern sie siedelten nur so in zusammenhanglos schönen Flecken im Luftriß seines Körpers.[84] Homo fühlte an irgend etwas, daß er bald sterben werde, er wußte bloß noch nicht wie oder wann. Sein altes Leben war kraftlos geworden; es wurde wie ein Schmetterling, der gegen den Herbst zu immer schwächer wird.

Er sprach manchmal mit Grigia davon; sie hatte eine eigne Art, sich danach zu erkundigen: so voll Respekt wie nach etwas, das ihr anvertraut war, und ganz ohne Selbstsucht. Sie schien es in Ordnung zu finden, daß es hinter ihren Bergen Menschen gab, die er mehr liebte als sie, die er mit ganzer Seele liebte. Und er fühlte diese Liebe nicht schwächer werden, sie wurde stärker und neuer; sie wurde nicht blasser, aber sie verlor, je tiefer sie sich färbte, desto mehr die Fähigkeit, ihn in der Wirklichkeit zu etwas zu bestimmen oder an etwas zu hindern. Sie war in jener wundersamen Weise schwerlos und von allem Irdischen frei, die nur der kennt, welcher mit dem Leben abschließen mußte und seinen Tod erwarten darf; war er vordem noch so gesund, es ging damals ein Aufrichten durch ihn wie durch einen Lahmen, der plötzlich seine Krücken fortwirft und wandelt.

Das wurde am stärksten, als die Heuernte kam. Das Heu war schon gemäht und getrocknet, mußte nur noch gebunden und die Bergwiesen hinaufgeschafft werden. Homo sah von der nächsten Anhöhe aus zu, die wie ein Schaukelschwung[85] hoch und weit davon losgehoben war. Das Mädel formt — ganz allein auf der Wiese, ein gesprenkeltes Püppchen unter der ungeheuren Glasglocke des Himmels — auf jede nur erdenkliche Weise ein riesiges Bündel. Kniet sich hinein und zieht mit beiden Armen das Heu an sich. Legt sich, sehr sinnlich, auf den Bauch über den Ballen und greift vor sich an ihm hinunter. Legt sich ganz auf die Seite und langt nur mit einem Arm, soweit man ihn strecken kann. Kriecht mit einem Knie, mit beiden Knien hinauf. Homo fühlt, es hat etwas vom Pillendreher,[86] jenem Käfer. Endlich schiebt sie ihren ganzen Körper unter das mit einem Strick umschlungene Bündel und hebt sich mit ihm langsam hoch. Das Bündel ist viel größer als das bunte schlanke Menschlein, das es trägt — oder war das nicht Grigia?

Wenn Homo, um sie zu suchen, oben die lange Reihe von Heuhaufen entlangging, welche die Bäuerinnen auf der ebenen Stufe des Hangs errichtet hatten, ruhten sie gerade; da konnte er sich kaum fassen, denn sie lagen auf ihren Heuhügeln wie Michelangelos Statuen[87] in der Mediceerkapelle zu Florenz, einen Arm mit dem Kopf aufgestützt und den Leib wie in einer Strömung ruhend. Und als sie mit ihm sprachen und ausspucken mußten, taten sie es sehr künstlich; sie zupften mit drei Fingern ein Büschel Heu heraus, spuckten in den Trichter und stopften das Heu wieder darüber: das konnte zum Lachen reizen; bloß wenn man zu ihnen gehörte, wie Homo, der Grigia suchte, mochte man auch plötzlich erschrecken über diese rohe Würde. Aber Grigia war selten dabei, und wenn er sie endlich fand, hockte sie in einem Kartoffelacker und lachte ihn an. Er wußte, sie hat nichts als zwei Röcke an, die trockene Erde, die durch ihre schlanken, rauhen Finger rann, berührte ihren Leib. Aber die Vorstellung hatte nichts Ungewöhnliches mehr für ihn, sein Inneres hatte sich schon seltsam damit vertraut gemacht, wie Erde berührt, und vielleicht traf er sie in diesem Acker auch gar nicht zur Zeit der Heuernte, es lebte sich alles so durcheinander.

Die Heuställe hatten sich gefüllt. Durch die Fugen zwischen

den Balken strömt silbernes Licht ein. Das Heu strömt grünes Licht aus. Unter dem Tor liegt eine dicke goldene Borte.

Das Heu roch säuerlich. Wie die Negergetränke, die aus dem Teig von Früchten und menschlichem Speichel entstehn. Man brauchte sich nur zu erinnern, daß man hier unter Wilden lebte, so entstand schon ein Rausch in der Hitze des engen, von gärendem Heu hochgefüllten Raums.

Das Heu trägt in allen Lagen.[88] Man steht darin bis an die Waden, unsicher zugleich und überfest gehalten. Man liegt darin wie in Gottes Hand, möchte sich in Gottes Hand wälzen wie ein Hündchen oder ein Schweinchen. Man liegt schräg, und fast senkrecht wie ein Heiliger, der in einer grünen Wolke zum Himmel fährt.

Das waren Hochzeitstage und Himmelfahrtstage.

Aber einmal erklärte Grigia: es geht nicht mehr. Er konnte sie nicht dazu bringen, daß sie sagte, warum. Die Schärfe um den Mund und die lotrechte kleine Falte zwischen den Augen, die sie sonst nur für die Frage anstrengte, in welchem Stadel ein nächstesmal das schönste Zusammenkommen sei, deutete schlecht Wetter an, das irgendwo in der Nähe stand. Waren sie ins Gerede gekommen? Aber die Gevatterinnen, die ja vielleicht etwas merkten, waren alle immer so lächelnd wie bei einer Sache, der man gern zusieht. Aus Grigia war nichts herauszubekommen. Sie gebrauchte Ausreden, sie war seltener zu treffen; aber sie hütete ihre Worte wie ein mißtrauischer Bauer.

Einmal hatte Homo ein böses Zeichen. Die Gamaschen[89] waren ihm aufgegangen, er stand an einem Zaun und wickelte sie neu, als eine vorbeigehende Bäuerin ihm freundlich sagte: «Laß er die Strümpf doch unten, es wird ja bald Nacht.» Das war in der Nähe von Grigias Hof. Als er es Grigia erzählte, machte sie ein hochmütiges Gesicht und sagte: «Die Leute reden, und den Bach rinnen, muß man lassen»; aber sie schluckte Speichel und war mit den Gedanken anderswo. Da erinnerte er sich plötzlich einer sonderbaren Bäurin, die einen Schädel wie eine Aztekin hatte und immer vor ihrer Tür saß, das schwarze Haar, das ihr etwas über die Schultern reichte, aufgelöst, und von drei pausbäckigen gesunden Kindern umgeben. Grigia und er kamen alle Tage achtlos vorbei, es war die einzige Bäurin, die er nicht kannte, und merkwürdigerweise hatte er auch noch nie nach ihr gefragt, obgleich ihm ihr Aussehn auffiel; es war fast, als hätten sich stets das gesunde Leben ihrer Kinder und das gestörte ihres Gesichts gegenseitig als Eindrücke zu Null aufgehoben. Wie er jetzt war, schien es ihm plötzlich gewiß zu sein, daß nur von daher das Beunruhigende gekommen sein könne. Er fragte, wer sie sei, aber Grigia zuckte bös die Achseln und stieß nur hervor: «Die weiß nit, was sie sagt! Ein Wort hie, ein Wort über die Berge!» Das begleitete sie mit einer heftigen Bewegung der Hand an der Stirn vorbei, als müßte sie das Zeugnis dieser Person gleich entwerten.

Da Grigia nicht zu bewegen war, wieder in einen der um das Dorf liegenden Heuställe zu kommen, schlug ihr Homo vor, mit ihm höher ins Gebirge hinaufzugehn. Sie wollte nicht, und als sie schließlich nachgab, sagte sie mit einer Betonung, die Homo hinterdrein zweideutig vorkam, «Guat; wenn man weg müass'n gehn.»[90] Es war ein schöner Morgen, der noch einmal alles umspannte; weit draußen lag das Meer der Wolken und der Menschen.[91] Grigia wich ängstlich allen Hütten aus, und auf freiem Felde zeigte sie — die sonst stets von einer reizenden Unbekümmertheit in allen Dispositionen ihrer Liebesstrategie gewesen war — Besorgtheit vor scharfen Augen. Da wurde er ungeduldig und erinnerte sich, daß sie eben an einem alten Stollen vorbeigekommen waren, dessen Betrieb auch von seinen eigenen Leuten bald wieder aufgegeben worden war. Er trieb Grigia hinein.[92] Als er sich zum letztenmal umwandte, lag auf einer Bergspitze Schnee, darunter war golden in der Sonne ein kleines Feld mit gebundenen Ähren, und über beiden der weiß-blaue Himmel. Grigia machte wieder eine Bemerkung, die wie eine Anzüglichkeit war, sie hatte seinen Blick bemerkt und sagte zärtlich: «Das Blaue am Himmel lassen wir lieber hübsch oben, damit es schön bleibt»; was sie damit eigentlich meinte, vergaß er aber zu fragen, denn sie tasteten nun mit großer Vorsicht in ein immer enger werdendes Dunkel hinein.[93] Grigia ging voraus, und als nach einer Weile sich der Stollen zu einer kleinen Kammer erweitete, machten sie halt und umarmten einander. Der Boden unter ihren Füßen machte einen guten trockenen Eindruck, sie legten sich nieder, ohne daß Homo das Zivilisationsbedürfnis empfunden hätte, ihn mit dem Licht eines Streichholzes zu untersuchen. Noch einmal rann Grigia wie weich trockene Erde[94] durch ihn, fühlte er sie im Dunkel erstarren und steif von Genuß werden, dann lagen sie nebeneinander und blickten, ohne sprechen zu wollen, nach dem kleinen fernen Viereck, vor dem weiß der Tag strahlte. In Homo wiederholte sich da sein Aufstieg hieher, er sah sich mit Grigia hinter dem Dorf zusammenkommen, dann steigen, wenden und steigen, er sah ihre blauen Strümpfe bis zu dem orangenen Saum unterm Knie, ihren wiegenden Gang auf den lustigen Schuhen, er sah sie vor dem Stollen stehen bleiben, sah die Landschaft mit dem kleinen goldenen Feld, und mit einemmal gewahrte er in der Helle des Eingangs das Bild ihres Mannes.

Er hatte noch nie an diesen Menschen gedacht, der bei den Arbeiten verwendet wurde; jetzt sah er das scharfe Wilddiebesgesicht mit den dunklen jägerlistigen Augen und erinnerte sich auch plötzlich an das einzige Mal, wo er ihn sprechen gehört hatte; es war nach dem Einkriechen in einen alten Stollen, das kein anderer gewagt hatte, und es waren die Worte: «I bin von an Spektakl in andern kemma; das Zruckkemma is halt schwer.»[95] Homo griff rasch nach seiner Pistole, aber im gleichen Augenblick war Lene Maria Lenzis Mann verschwunden, und das Dunkel ringsum war so dick wie eine Mauer. Er tastete sich zum Ausgang, Grigia hing an seinen Kleidern. Aber er überzeugte sich sofort, daß der Fels, der davor gerollt worden war, weit schwerer wog, als seine Kraft, ihn zu bewegen, reichte; er wußte

nun auch, warum ihnen der Mann so viel Zeit gelassen hatte, er
brauchte sie selbst, um seinen Plan zu fassen und einen Baum-
stamm als Hebel zu holen.

Grigia lag vor dem Stein auf den Knien und bettelte und
tobte; es war widerwärtig und vergebens. Sie schwur, saß sie
nie etwas Unrechtes getan habe und nie wieder etwas Unrechtes
tun wolle, sie zeterte sogleich wie ein Schwein und rannte sinnlos
gegen den Fels wie ein scheues Pferd. Homo fühlte schließlich,
daß es so ganz in der Ordnung der Natur sei, aber er, der
gebildete Mensch, vermochte anfangs gar nichts gegen seine
Ungläubigkeit zu tun, daß wirklich etwas Unwiderrufliches
geschehen sein sollte. Er lehnte an der Wand und hörte Grigia
zu, die Hände in den Taschen. Später erkannte er sein Schicksal;
traumhaft fühlte er es noch einmal auf ihn herabsinken, tage-,
wochen- und monatelang, wie eben ein Schlaf anheben muß, der
sehr lang dauert. Er legte sanft den Arm um Grigia und zog sie
zurück. Er legte sich neben sie und erwartete etwas. Früher hätte
er wohl vielleicht gedacht, die Liebe müßte in solchem unent-
rinnbaren Gefängnis scharf wie Bisse sein, aber er vergaß
überhaupt an Grigia zu denken. Sie war ihm entrückt oder er ihr,
wenn er auch noch ihre Schulter spürte; sein ganzes Leben war
ihm gerade so weit entrückt, daß er es noch da wußte, aber
nimmer die Hand darauf legen konnte. Sie regten sich stunden-
lang nicht, Tage mochten vergangen sein und Nächte, Hunger
und Durst lagen hinter ihnen wie ein erregtes Stück Wegs, sie
wurden immer schwächer, leichter und verschlossener; sie
dämmerten weite Meere und wachten kleine Inseln. Einmal
fuhr er ganz grell in so ein kleines Wachen auf: Grigia war fort;
eine Gewißheit sagte ihm, daß es eben erst geschehen sein mußte.
Er lächelte; hat ihm nichts gesagt von dem Ausweg; wollte ihn
zurücklassen, zum Beweis für ihren Mann . . .! Er stützte sich auf
und sah um sich; da entdeckte auch er einen schwachen, schmalen
Schimmer. Er kroch ein wenig näher, tiefer in den Stollen hinein
— sie hatten immer nach der anderen Seite gesehen. Da erkannte

er einen schmalen Spalt, der wahrscheinlich seitwärts ins Freie führte. Grigia hatte feine Glieder, aber auch er, mit großer Gewalt, müßte sich da vielleicht durchzwängen können. Es war ein Ausweg. Aber er war in diesem Augenblick vielleicht schon zu schwach, um ins Leben zurückzukehren, wollte nicht oder war ohnmächtig geworden.

Zur gleichen Stunde gab, da man die Erfolglosigkeit aller Anstrengungen und die Vergeblichkeit des Unternehmens einsah, Mozart Amadeo Hoffingott unten die Befehle zum Abbruch der Arbeit.

DIE PORTUGIESIN

Sie hiessen in manchen Urkunden delle Catene und in andern Herren von Ketten; sie waren aus dem Norden gekommen und hatten vor der Schwelle des Südens halt gemacht; sie gebrauchten ihre deutsche oder welsche Zugehörigkeit, wie es der Vorteil gebot, und fühlten sich nirgends hingehören als zu sich.

Seitlich des großen, über den Brenner nach Italien führenden Wegs, zwischen Brixen[1] und Trient, lag auf einer fast freistehenden lotrechten Wand ihre Burg; fünfhundert Fuß unter ihr tollte ein wilder kleiner Fluß so laut, daß man eine Kirchenglocke im selben Raum nicht gehört hätte, sobald man den Kopf aus dem Fenster bog. Kein Schall der Welt drang von außen in das Schloß der Catene, durch diese davorhängende Matte[2] wilden Lärms hindurch; aber das gegen das Toben sich stemmende Auge[3] fuhr ohne Hindernis durch diesen Widerstand und taumelte überrascht in die tiefe Rundheit des Ausblicks.

Als scharf und aufmerksam galten alle Herren von Ketten, und kein Vorteil entging ihnen in weitem Umkreis. Und bös wie Messer waren sie, die gleich tief schneiden. Sie wurden nie rot vor Zorn oder rosig vor Freude, sondern sie wurden dunkel im Zorn und in der Freude strahlten sie wie Gold, so schön und so selten. Sie sollen einander alle, wer immer sie im Lauf der Jahre und Jahrhunderte waren, auch noch darin geglichen haben, daß sie früh weiße Fäden in ihr braunes Haupt- und Barthaar bekamen und vor dem sechzigsten Jahr starben; auch darin, daß in ihren mittelgroßen, schlanken Körpern die ungeheure Kraft, die sie manchmal zeigten, gar nicht Platz und Ursprung zu haben, sondern aus ihren Augen und Stirnen zu kommen schien, doch war dies Gerede von eingeschüchterten Nachbarn und Knechten.

Sie nahmen, was sie an sich bringen konnten, und gingen dabei redlich oder gewaltsam oder listig zu Werk, je wie es kam, aber stets ruhig und unabwendbar; ihr kurzes Leben war ohne Hast und endete rasch, ohne nachzulassen, wenn sie ihr Teil erfüllt hatten.

Es war Sitte im Geschlecht der Ketten, daß sie sich mit dem in ihrer Nähe ansässigen Adel nicht versippten;[4] sie holten ihre Frauen von weit her und holten reiche Frauen, um durch nichts in der Wahl ihrer Bündnisse und Feindschaften beschränkt zu sein. Der Herr von Ketten, welcher die schöne Portugiesin vor zwölf Jahren geheiratet hatte, stand damals in seinem dreißigsten Jahr. Die Hochzeit fand in der Fremde statt, und die sehr junge Frau sah ihrer Niederkunft entgegen, als der schellenklingende Zug der Gefolgsleute und Knechte, Pferde, Dienerinnen, Saumtiere und Hunde die Grenze des Gebiets der Catene überschritt; die Zeit war wie ein einjähriger Hochzeitsflug vergangen. Denn alle Ketten waren glänzende Kavaliere, bloß zeigten sie es nur in dem einen Jahr ihres Lebens, wo sie freiten; ihre Frauen waren schön, weil sie schöne Söhne wollten, und es wäre ihnen anders nicht möglich gewesen, in der Fremde, wo sie nicht so viel galten wie daheim, solche Frauen zu gewinnen; sie wußten aber selbst nicht, zeigten sie sich in diesem einen Jahr so, wie sie wirklich waren, oder in all den andren. Ein Bote mit wichtiger Nachricht kam den Nahenden entgegen: noch waren die farbigen Gewänder und Federwimpel[5] des Zugs wie ein großer Schmetterling, aber der Herr von Ketten hatte sich verändert. Er ritt, als er sie wieder eingeholt hatte, langsam neben seiner Frau weiter, als wollte er Eile für sich nicht gelten lassen, aber sein Gesicht war fremd geworden wie eine Wolkenwand. Als bei einer Biegung des Wegs plötzlich das Schloß vor ihnen auftauchte, nur noch eine Viertelstunde entfernt, brach er mit Anstrengung das Schweigen.

Er wollte, daß seine Frau umkehre und zurückkreise. Der Zug hielt an. Die Portugiesin bat und bestand darauf, daß sie weiterritten; umzukehren war auch Zeit, nachdem man die Gründe gehört hatte.

Die Bischöfe von Trient waren mächtige Herrn, und das Reichsgericht sprach ihnen zu Munde:[6] seit des Urgroßvaters Zeit lagen die Ketten mit ihnen in Streit wegen Stücken Lands, und bald war es ein Rechtsstreit gewesen, bald waren aus Forderung und Widerstand blutige Schlägereien erwachsen, aber jedesmal waren es die Herrn von Ketten gewesen, die der Überlegenheit des Gegners nachgeben mußten. Der Blick, dem sonst kein Vorteil entging, wartete hier vergeblich, ihn zu gewahren; aber der Vater überlieferte die Aufgabe dem Sohn, und ihr Stolz wartete in der Geschlechterfolge, ohne weich zu werden, weiter.

Es war dieser Herr von Ketten, dem sich der Vorteil darbot. Er erschrak darüber, daß er ihn beinahe versäumt hätte. Eine mächtige Partei im Adel lehnte sich gegen den Bischof auf, es war beschlossen worden, ihn zu überfallen und gefangen zu nehmen, und der Ketten, als man vernommen hatte, daß er wiederkam, sollte ein Trumpf im Spiel sein. Ketten, seit Jahr und Tag abwesend, wußte nicht, wie es um die bischöfliche Kraft stand; aber das wußte er, daß es eine böse, jahrelange Probe von unsicherem Ausgang sein würde, und daß man sich nicht auf jeden bis zum bitteren Ende würde verlassen können, wenn es nicht gelang, Trient gleich anfangs zu überrumpeln. Er grollte seiner schönen Frau, weil sie ihn beinahe die Gelegenheit hatte verspielen lassen. So sehr gefiel sie ihm, der um einen Pferdehals zurück neben ihr ritt, wie immer; auch war sie ihm noch so geheimnisvoll wie die vielen Perlenketten, die sie besaß. Wie Erbsen hätte man solche Dinger zerdrücken können, wenn man sie in der hohlen, sehnengeflochtenen Hand wog, dachte er neben ihr reitend, aber sie lagen so unbegreiflich sicher darin. Nur war dieser Zauber von der neuen Nachricht beiseite geräumt worden wie die Mummenträume[7] des Winters, wenn die knäbisch nackten ersten sonnenharten Tage wieder da sind. Gesattelte Jahre lagen vorauf, in denen Weib und Kind fremd verschwanden.

Aber die Pferde waren inzwischen an den Fuß der Wand gelangt, worauf die Burg stand, und die Portugiesin, als sie alles angehört hatte, erklärte noch einmal, daß sie bleiben wolle. Wild stieg das Schloß auf. Da und dort saßen an der Felsbrust verkümmerte Bäumchen wie einzelne Haare. Die Waldberge stürzten so auf und nieder, daß man diese Häßlichkeit einem, der nur die Meereswellen kannte, gar nicht hätte zu beschreiben vermögen. Voll kaltgewordener Würze war die Luft, und alles war so, als ritte man in einen großen zerborstenen Topf hinein, der eine fremde grüne Farbe enthielt. Aber in den Wäldern gab es den Hirsch, Bären, das Wildschwein, den Wolf und vielleicht das Einhorn. Weiter hinten hausten Steinböcke und Adler. Unergründete Schluchten boten den Drachen Aufenthalt. Wochenweit und -tief war der Wald, durch den nur die Wildfährten[8] führten, und oben, wo das Gebirge ihm aufsaß, begann das Reich der Geister. Dämonen hausten dort mit dem Sturm und den Wolken; nie führte eines Christen Weg hinauf, und wenn es aus Fürwitz geschehen war, hatte es Widerfahrnisse[9] zur Folge, von denen die Mägde in den Winterstuben mit leiser Stimme berichteten, während die Knechte geschmeichelt schwiegen und die Schultern hochzogen, weil das Männerleben gefährlich ist und solche Abenteuer einem darin zustoßen können. Von allem, was sie gehört hatte, erschien es aber der Portugiesin als das Seltsamste: So wie noch keiner den Fuß des Regenbogens erreicht hat, sollte es auch noch nie einem gelungen sein, über die großen Steinmauern zu schaun; immer waren neue Mauern dahinter; Mulden[10] waren dazwischen gespannt wie Tücher voll Steinen, Steine so groß wie ein Haus, und noch der feinste Schotter[11] unter den Füßen nicht kleiner als ein Kopf; es war eine Welt, die eigentlich keine Welt war. Oft hatte sie sich in Träumen dieses Land, aus dem der Mann kam, den sie liebte, nach seinem eigenen Wesen vorgestellt und das Wesen dieses Mannes nach dem, was er ihr von seiner Heimat erzählte. Müde des pfaublauen Meers, hatte sie sich ein Land erwartet, das voll

Unerwartetem war wie die Sehne eines gespannten Bogens; aber da sie das Geheimnis sah, fand sie es über alles Erwarten häßlich und mochte fliehn. Wie aus Hühnerställen zusammengefügt war die Burg. Stein auf Fels getürmt. Schwindelnde Wände, an denen der Moder wuchs. Morsches Holz oder rohfeuchte Stämme. Bauern- und Kriegsgerät, Stallketten und Wagenbäume. Aber da sie nun hier war, gehörte sie her, und vielleicht war das, was sie sah, gar nicht häßlich, sondern eine Schönheit wie die Sitten von Männern, an die man sich erst gewöhnen mußte.

Als der Herr von Ketten seine Frau den Berg hinaufreiten sah, mochte er sie nicht anhalten. Er dankte es ihr nicht, aber es war etwas, das weder seinen Willen überwand, noch ihm nachgab, sondern ausweichend ihn anderswohin lockte und ihn unbeholfen schweigend hinter ihr dreinreiten machte wie eine arme verlorene Seele.

Zwei Tage später saß er wieder im Sattel.

Und elf Jahre später tat er es noch. Der Handstreich[12] gegen Trient, leichtfertig vorbereitet, war mißlungen, hatte der Rittermacht gleich am Anfang über ein Drittel ihres Gefolges gekostet und mehr als die Hälfte ihres Wagemutes. Der Herr von Ketten, am Rückzug verwundet, kehrte nicht gleich nach Hause zurück, zwei Tage lang lag er in einer Bauernhütte verborgen, dann ritt er auf die Schlösser und fachte den Widerstand an. Zu spät gekommen zur Vorberatung und Beratung des Unternehmens, hing er nach dem Fehlschlag daran wie der Hund am Ohr des Bullen. Er stellte den Herrn vor, was ihrer wartete, wenn die bischöfliche Macht zum Gegenschlag kam, ehe ihre Reihen wieder geschlossen seien, trieb Säumige und Knausernde[13] an, preßte Geld aus ihnen, zog Verstärkungen herbei, rüstete und ward zum Feldhauptmann des Adels gewählt. Seine Wunden bluteten anfangs noch so, daß er täglich zweimal die Tücher wechseln mußte; er wußte nicht, während er ritt und umsprach und für jede Woche, um die er zu spät zur Stelle gewesen war, einen Tag fernblieb, ob er

dabei an die zauberhafte Portugiesin dachte, die sich ängsten
mußte.

Fünf Tage nach der Kunde von seiner Verwundung kam er
erst zu ihr und blieb bloß einen Tag. Sie sah ihn an, ohne zu
fragen, prüfend, wie man dem Flug eines Pfeils folgt, ob er
treffen wird.

Er zog seine Leute herbei bis zum letzten erreichbaren Knaben, ließ die Burg in Verteidigungszustand setzen, ordnete und
befahl. Knechtlärm, Pferdegewieher, Balkentragen, Eisen- und
Steinklang war dieser Tag. In der Nacht ritt er weiter. Er war
freundlich und zärtlich wie zu einem edlen Geschöpf, das man
bewundert, aber sein Blick ging so gradaus wie aus einem Helm
hervor, auch wenn er keinen trug. Als der Abschied kam, bat die
Portugiesin, plötzlich von Weiblichkeit überwältigt, wenigstens
jetzt seine Wunde waschen und ihr frischen Verband auflegen zu
dürfen, aber er ließ es nicht zu; eiliger, als es nötig war, nahm
er Abschied, lachte beim Abschied, und da lachte sie auch.

Die Art, wie der Gegner den Streit auskämpfte, war gewaltsam, wo sie es sein konnte, wie es dem harten, adeligen Mann
entsprach, der das Bischofsgewand trug, aber sie war auch, wie
es dieses frauenhafte Gewand ihn gelehrt haben mochte, nach-
giebig, hinterhältig und zäh. Reichtum und ausgedehnter Besitz
entfalteten langsam ihre Wirkung in stufenweisen, bis zum letzten Augenblick hinaus verzögerten Opfern, wenn Stellung und
Einfluß nicht mehr ausreichten, um sich Helfer zu verbünden.
Entscheidungen wich diese Kampfweise aus. Rollte sich ein,
sobald sich der Widerstand zuspitzte: stieß nach, wo sie sein
Erschlaffen erriet. So kam es, daß manchmal eine Burg berannt
wurde, und wenn sie nicht rechtzeitig entsetzt werden konnte,
unter blutigem Hinmorden fiel, manchmal aber auch durch
Wochen Heerhaufen in den Ortschaften lagerten und nichts
geschah, als daß den Bauern eine Kuh weggetrieben oder ein
paar Hühner abgestochen wurden. Aus Wochen wurde Sommer
und Winter, und aus Jahreszeiten wurden Jahre. Zwei Kräfte

rangen miteinander, die eine wild und angriffslustig, aber zu
schwach, die andre wie ein träger, weicher, aber grausam schwerer
Körper, dem auch noch die Zeit ihr Gewicht lieh.

Der Herr von Ketten wußte das wohl. Er hatte Mühe, die
verdrossene und geschwächte Ritterschaft davon abzuhalten, in
einem plötzlich beschlossenen Angriff ihre letzte Kraft auszuge-
ben. Er lauerte auf die Blöße, die Wendung, das Unwahrscheinliche, das nur noch der Zufall bringen konnte. Sein Vater
hatte gewartet und sein Großvater. Und wenn man sehr lange
wartet, kann auch das geschehn, was selten geschieht. Er wartete
elf Jahre. Er ritt elf Jahre lang zwischen den Adelssitzen und den
Kampfhaufen hin und her, um den Widerstand wach zu halten,
erwarb in hundert Scharmützeln immer von neuem den Ruf
verwegener Tapferkeit, um den Vorwurf zaghafter Kriegsfüh-
rung von sich fernzuhalten, ließ es zeitweilig auch zu großen
blutigen Treffen kommen, um den Zornmut der Genossen
anzufachen, aber auch er wich ebenso gut wie der Bischof einer
Entscheidung aus. Er wurde oftmals leicht verwundet, aber er
war nie länger als zweimal zwölf Stunden zu Hause. Schrammen
und das umherziehende Leben bedeckten ihn mit ihrer Kruste.
Er fürchtete sich wohl, länger zu Hause zu bleiben, wie sich ein
Müder nicht setzen darf. Unruhige angehalfterte Pferde, Män-
nerlachen, Fackellicht, die Säule eines Lagerfeuers wie ein
Stamm aus Goldstaub zwischen grün aufschimmernden Wald-
bäumen, Regengeruch, Flüche, aufschneidende Ritter,[14] Hunde,
an Verwundeten schnuppernd, gehobene Weiberröcke und
verschreckte Bauern waren seine Zerstreuung in diesen Jahren.
Er blieb mitten drin schlank und fein. In sein braunes Haar
begannen sich weiße Haare zu schleichen, sein Gesicht kannte
kein Alter. Er mußte grobe Scherze erwidern und tat es wie ein
Mann, aber seine Augen bewegten sich wenig dabei. Er wußte
dreinzufahren wie ein Ochsenknecht,[15] wo sich die Mannes-
zucht lockerte; aber er schrie nicht, sein Wort war leis und kurz,
die Soldaten fürchteten ihn, nie schien der Zorn ihn selbst zu

ergreifen, aber er strahlte von ihm aus, und sein Gesicht wurde dunkel. Im Gefecht vergaß er sich; da ging alles diesen Weg gewaltiger, Wunden schlagender Gebärden aus ihm heraus,[16] er wurde tanztrunken, bluttrunken, wußte nicht, was er tat, und tat immer das Rechte. Die Soldaten vergötterten ihn deshalb; es begann sich die Legende zu bilden, daß er sich aus Haß gegen den Bischof dem Teufel verschrieben habe und ihn heimlich besuche, der in Gestalt einer schönen fremden Frau auf seiner Burg weilte.

Der Herr von Ketten, als er das zum erstenmal hörte, wurde nicht unwillig, noch lachte er, aber er wurde ganz dunkelgolden vor Freude. Oft, wenn er am Lagerfeuer saß oder an einem offenen Bauernherd, und der durchstreifte Tag, so wie regensteifes Leder wieder weich wird, in der Wärme zerging, dachte er. Er dachte dann an den Bischof in Trient, der auf reinem Linnen lag, von gelehrten Klerikern umgeben, Maler in seinem Dienst, während er wie ein Wolf ihn umkreiste. Auch er konnte das haben. Einen Kaplan hatte er auf der Burg bestallt, damit für Unterhaltung des Geistes gesorgt sei, einen Schreiber zum Vorlesen, eine lustige Zofe; ein Koch wurde weither geholt, um von der Küche das Heimweh zu bannen, reisende Doktoren und Schüler fing man auf, um an ihrem Gespräch einige Tage der Zerstreuung zu gewinnen, kostbare Teppiche und Stoffe kamen, um mit ihnen die Wände zu bedecken; nur er hielt sich fern. Ein Jahr lang hatte er tolle Worte gesprochen, in der Fremde und auf der Reise, Spiel und Schmeichelei, — denn so wie jedes wohlgebaute Ding Geist hat, sei es Stahl oder starker Wein, ein Pferd oder ein Brunnenstrahl, hatten ihn auch die Catene; — aber seine Heimat lag damals fern, sein wahres Wesen war etwas, auf das man wochenlang zureiten konnte, ohne es zu erreichen. Auch jetzt sprach er noch zuweilen unüberlegte Worte, aber nur so lang, als die Pferde im Stall ruhten; er kam nachts und ritt am Morgen fort oder blieb vom Morgenläuten bis zum Ave. Er war vertraut wie ein Ding, das man schon lang an sich trägt. Wenn du lachst, lacht es auch hin und her, wenn du gehst, geht es mit, wenn deine Hand dich betastet, fühlst du es: aber wenn du es einmal hochhebst und ansiehst, schweigt es und sieht weg. Wäre er einmal länger geblieben, hätte er in Wahrheit sein müssen, wie er war. Aber er erinnerte sich, niemals gesagt zu haben, ich bin dies oder ich will jenes sein, sondern hatte ihr von Jagd, Abenteuern und Dingen, die er tat, erzählt; und auch sie hatte nie, wie junge Menschen es sonst wohl zu tun pflegen, ihn gefragt, wie er über dies und jenes denke, oder davon gesprochen, wie sie sein möchte, wenn sie älter sei, sondern sie hatte sich schweigend geöffnet wie eine Rose, so lebhaft sie vordem gewesen war, und stand schon auf der Kirchentreppe reisefertig, wie auf einen Stein gestiegen, von dem man sich aufs Pferd schwingt, um zu jenem Leben zu reiten. Er kannte seine zwei Kinder kaum, die sie ihm geboren hatte, aber auch diese beiden Söhne liebten schon leidenschaftlich den fernen Vater, von dessen Ruhm ihre kleinen Ohren voll waren, seit sie hörten. Seltsam war die Erinnerung an den Abend, dem der zweite sein Leben dankte. Da war, als er kam, ein weiches hellgraues Kleid mit dunkelgrauen Blumen, der schwarze Zopf war zur Nacht geflochten, und die schöne Nase sprang scharf in das glatte Gelb eines beleuchteten Buches mit geheimnisvollen Zeichnungen. Es war wie Zauberei. Ruhig saß, in ihrem reichen Gewand, mit dem Rock, der in unzähligen Faltenbächen[17] herabfloß, die Gestalt, nur aus sich heraussteigend und in sich fallend; wie ein Brunnenstrahl; und kann ein Brunnenstrahl erlöst werden, außer durch Zauberei oder ein Wunder, und aus seinem sich selbst tragenden, schwankenden Dasein ganz heraustreten? Man mochte das Weib umarmen und plötzlich gegen den Schlag eines magischen Widerstands stoßen; es geschah nicht so; aber ist Zärtlichkeit nicht noch unheimlicher? Sie sah ihn an, der leise eingetreten war, wie man einen Mantel wiedererkennt, den man lang an sich getragen und lang nicht mehr gesehen hat, der etwas fremd bleibt und in den man hineinschlüpft.

Traulich erschienen ihm dagegen Kriegslist, politische Lüge,

Zorn und Töten! Tat geschieht, weil andre Tat geschehn ist; der
Bischof rechnet mit seinen Goldstücken, und der Feldhauptmann mit der Widerstandskraft des Adels; Befehlen ist klar;
taghell, dingfest[18] ist dieses Leben, der Stoß eines Speers unter
den verschobenen Eisenkragen ist so einfach, wie wenn man mit
dem Finger weist und sagen kann, das ist dies. Das andre aber
ist fremd wie der Mond. Der Herr von Ketten liebte dieses andere
heimlich. Er hatte keine Freude an Ordnung, Hausstand und
wachsendem Reichtum. Und ob er gleich um fremdes Gut
jahrelang stritt, sein Begehren griff nicht nach Frieden des
Gewinns, sondern sehnte sich aus der Seele hinaus; in den Stirnen saß die Gewalt der Catene, bloß kamen stumme Taten aus
den Stirnen. Wenn er morgens in den Sattel stieg, fühlte er
jedesmal noch das Glück, nicht nachzugeben, die Seele seiner
Seele; aber wenn er abends absaß, senkte sich nicht selten der
mürrische Stumpfsinn alles durchlebten Übermaßes auf ihn, als
hätte er einen Tag lang alle seine Kräfte angestrengt, um nicht
ohne alle Anstrengung etwas Schönes zu sein, das er nicht nennen konnte. Der Bischof, der Schleicher,[19] konnte zu Gott beten,
wenn Ketten ihn bedrängte; Ketten konnte nur über blühende
Saaten reiten, die widerspenstige Woge des Pferdes unter sich
leben fühlen, Freundlichkeit mit Eisentritten herbeizaubern.
Aber es tat ihm wohl, daß es dies gab. Daß man leben kann und
sterben machen ohne das andre. Es leugnete und vertrieb etwas,
das sich zum Feuer schlich, wenn man hineinstarrte, und fort
war, so wie man sich, steif vom Träumen, aufrichtete und
herumdrehte. Der Herr von Ketten spann zuweilen lange ver-
schlungene Fäden, wenn er an den Bischof dachte, dem er das
alles antat, und ihm war, als könnte nur ein Wunder es ordnen.

Seine Frau nahm den alten Knecht, welcher der Burg vor-
stand, und streifte mit ihm durch die Wälder, wenn sie nicht vor
den Bildern in ihren Büchern saß. Wald öffnet sich, aber seine
Seele weicht zurück; sie brach durch Holz, kletterte über Steine,
sah Fährten und Tiere, aber sie brachte nicht mehr heim als diese

kleinen Schrecknisse, überwundenen Schwierigkeiten und befriedigten Neugierden, die alle Spannung verloren, wenn man sie aus dem Wald heraustrug, und eben jenes grüne Spiegelbild, das sie schon nach den Erzählungen gekannt hatte, bevor sie ins Land gekommen war; sobald man nicht darauf eindrang, schloß es sich hinter dem Rücken wieder zusammen. Lässig gut hielt sie indessen Ordnung am Schloß. Ihre Söhne, von denen keiner das Meer gesehen hatte, waren das ihre Kinder? Junge Wölfe, schien ihr zuweilen, waren es. Einmal brachte man ihr einen jungen Wolf aus dem Wald. Auch ihn zog sie auf. Zwischen ihm und den großen Hunden herrschte unbehagliche Duldung, Gewährenlassen ohne Austausch von Zeichen. Wenn er über den Hof ging, standen sie auf und sahn zu ihm herüber, aber sie bellten und knurrten nicht. Und er sah gradaus, wenn er auch hinüberschielte, und ging kaum ein wenig langsamer und steifer seines Wegs, um es sich nicht merken zu lassen. Er folgte überallhin der Herrin; ohne Zeichen der Liebe und der Vertrautheit; er sah sie mit seinen starken Augen oft an, aber sie sagte nichts. Sie liebte diesen Wolf, weil seine Sehnen, sein braunes Haar, die schweigende Wildheit und die Kraft der Augen sie an den Herrn von Ketten erinnerten.

Einmal kam der Augenblick, auf den man warten muß; der Bischof fiel in Krankheit und starb, das Kapitel war ohne Herrn. Ketten verkaufte, was beweglich war, nahm Pfänder auf liegenden Besitz und rüstete aus allen Mitteln ein kleines, ihm eigenes Heer: dann unterhandelte er. Vor die Wahl gestellt, den alten Streit gegen neu bewaffnete Kraft weiterführen zu müssen, ehe noch der kommende Herr sich entscheiden konnte, oder einen billigen Abschluß zu finden, entschied sich das Kapitel für dieses, und es konnte nicht anders geschehn, als daß der Ketten, der als Letzter stark und drohend dastand, das meiste für sich einstrich, wofür sich das Domkapitel an Schwächeren und Zaghafteren schadlos hielt.[20]

So hatte ein Ende gefunden, was nun schon in der vierten

Erbfolge wie eine Zimmerwand gewesen war, die man jeden
Morgen beim Frühbrot vor sich sieht und nicht sieht: mit
einem Male fehlte sie; bis hieher war alles gewesen wie im Leben
aller Ketten, was noch zu tun blieb im Leben dieses Ketten, war
runden und ordnen, ein Handwerker- und kein Herrenziel.

Da stach ihn, als er heimritt, eine Fliege.

Die Hand schwoll augenblicklich an, und er wurde sehr
müde. Er kehrte in der Schenke eines elenden kleinen Dorfes
ein, und während er hinter dem schmierigen Holztisch saß, überwältigte ihn Schlummer. Er legte sein Haupt in den Schmutz und
als er gegen Abend erwachte, fieberte er. Er wäre trotzdem
weitergeritten, wenn er Eile gehabt hätte; aber er hatte keine
Eile. Als er am Morgen aufs Pferd steigen wollte, fiel er hin vor
Schwäche. Arm und Schulter waren aufgequollen, er hatte sie in
den Harnisch gepreßt und mußte sich wieder ausschnallen lassen;
während er stand und es geschehen ließ, befiel ihn ein Schüt-
telfrost, wie er solchen noch nie gesehen; seine Muskeln zuckten
und tanzten so, daß er die eine Hand nicht zur andern bringen
konnte, und die halb aufgeschnallten Eisenteile klapperten wie
eine losgerissene Dachrinne im Sturm. Er fühlte, daß das
schwankhaft [21] war, und lachte mit grimmigem Kopf über sein
Geklapper; aber in den Beinen war er schwach wie ein Knabe.
Er schickte einen Boten zu seiner Frau, andere nach einem Bader
und zu einem berühmten Arzt.

Der Bader, der als erster zur Stelle war, verordnete heiße
Umschläge von Heilkräutern und bat, schneiden zu dürfen.
Ketten, der jetzt viel ungeduldiger war, nach Hause zu kommen,
hieß ihn schneiden, bis er bald halb so viel neue Wunden davontrug, als er alte hatte. Seltsam waren diese Schmerzen, gegen die
er sich nicht wehren durfte. Dann lag der Herr zwei Tage lang
in den saugenden Kräuterverbänden, ließ sich vom Kopf bis zu
den Füßen einwickeln und nach Hause schaffen; drei Tage
dauerte dieser Marsch, aber die Gewaltkur, die ebensogut hätte
zum Tod führen können, indem sie alle Verteidigungskräfte des

Lebens verbrauchte, schien der Krankheit Einhalt getan zu haben: als sie am Ziel eintrafen, lag der Vergiftete in hitzigem Fieber, aber der Eiter hatte sich nicht mehr weiter ausgebreitet.

Dieses Fieber, wie eine weite brennende Grasfläche, dauerte Wochen. Der Kranke schmolz in seinem Feuer täglich mehr zusammen, aber auch die bösen Säfte schienen darin verzehrt und verdampft zu werden. Mehr wußte selbst der berühmte Arzt davon nicht zu sagen, und nur die Portugiesin brachte außerdem noch geheime Zeichen an Tür und Bett an. Als eines Tages vom Herrn von Ketten nicht mehr übrig war als eine Form voll weicher heißer Asche, sank plötzlich das Fieber um eine tiefe Stufe hinunter und glomm dort bloß noch sanft und ruhig.

Waren schon Schmerzen seltsam, gegen die man sich nicht wehrt, so hatte der Kranke das Spätere überhaupt nicht so durchlebt wie einer, der mitten darin ist. Er schlief viel und war auch mit offenen Augen abwesend; wenn aber sein Bewußtsein zurückkehrte, so war doch dieser willenlose, kindlich warme und ohnmächtige Körper nicht seiner, und diese von einem Hauch erregte schwache Seele seine auch nicht. Gewiß war er schon abgeschieden und wartete während dieser ganzen Zeit bloß irgendwo darauf, ob er noch einmal zurückkehren müsse. Er hatte nie gewußt, daß Sterben so friedlich sei; er war mit einem Teil seines Wesens vorangestorben und hatte sich aufgelöst wie ein Zug Wanderer: Während die Knochen noch im Bett lagen, und das Bett da war, seine Frau sich über ihn beugte, und er, aus Neugierde, zur Abwechslung, die Bewegungen in ihrem aufmerksamen Gesicht beobachtete, war alles, was er liebte, schon weit voran. Der Herr von Ketten und dessen mondmächtige Zauberin waren aus ihm herausgetreten und hatten sich sacht entfernt: er sah sie noch, er wußte, mit einigen großen Sprüngen würde er sie danach einholen, nur jetzt wußte er nicht, war er schon bei ihnen oder noch hier. Das alles aber lag in einer riesigen gütigen Hand, die so mild war wie eine Wiege und zugleich alles abwog, ohne aus der Entscheidung viel Wesens zu machen. Das mochte Gott sein. Er zweifelte nicht, es erregte ihn aber auch nicht; er wartete ab und antwortete auch nicht auf das Lächeln, das sich über ihn beugte, und die zärtlichen Worte.

Dann kam der Tag, wo er mit einemmal wußte, daß es der letzte sein würde, wenn er nicht allen Willen zusammennahm, um leben zu bleiben, und das war der Tag, an dessen Abend das Fieber sank.

Als er diese erste Stufe der Gesundung unter sich fühlte, ließ er sich täglich auf den kleinen grünen Fleck tragen, der die Felsnase überzog, die mauerlos in die Luft sprang. In seine Tücher gewickelt, lag er dort in der Sonne. Schlief, wachte, wußte nicht, was von beidem er tat.

Einmal, als er aufwachte, stand der Wolf da. Er blickte ihm in die geschliffenen[22] Augen und konnte sich nicht rühren. Er wußte nicht, wieviel Zeit verging, dann stand seine Frau neben ihm, den Wolf am Knie. Er schloß wieder die Augen, als wäre er gar nicht wach gewesen. Aber da er wieder in sein Bett getragen wurde, ließ er sich die Armbrust reichen. Er war so schwach, daß er sie nicht spannen konnte; er staunte. Er winkte den Knecht heran, gab ihm die Armbrust und befahl: der Wolf. Der Knecht zögerte, aber er wurde zornig wie ein Kind, und am Abend hing das Fell des Wolfes im Burghof. Als die Portugiesin es sah, und erst von den Knechten erfuhr, was geschehen war, blieb ihr das Blut in den Adern stehn. Sie trat an sein Bett. Da lag er bleich wie die Wand und sah ihr zum erstenmal wieder in die Augen. Sie lachte und sagte: Ich werde mir eine Haube aus dem Fell machen lassen und dir nachts das Blut aussaugen.

Dann schickte er den Kleriker weg, der früher einmal gesagt hatte: der Bischof kann zu Gott beten, das ist gefährlich für Euch, und später ihm immerzu die letzte Ölung gegeben hatte; aber das gelang nicht gleich, die Portugiesin legte sich ins Mittel[23] und bat, den Kaplan noch zu dulden, bis er ein anderes Unterkommen fände. Der Herr von Ketten gab nach. Er war noch

schwach und schlief noch immer viel auf dem Grasfleck in der
Sonne. Als er wieder einmal dort erwachte, war der Jugendfreund da. Er stand neben der Portugiesin und war aus ihrer
Heimat gekommen; hier im Norden sah er ihr ähnlich. Er grüßte
mit edlem Anstand und sprach Worte, die nach dem Ausdruck
seiner Mienen voll großer Liebenswürdigkeit sein mußten, indes
der Ketten wie ein Hund im Gras lag und sich schämte.

Überdies mochte das auch erst beim zweitenmal gewesen
sein; er war noch manchmal abwesend. Er bemerkte auch spät
erst, daß ihm seine Mütze zu groß geworden war. Die weiche
Fellmütze, die immer etwas stramm gesessen hatte, sank bei
einem leichten Zug bis ans Ohr herunter, das sie aufhielt. Sie
waren selbdritt, und seine Frau sagte: «Gott, dein Kopf ist ja
kleiner geworden!» — Sein erster Gedanke war, daß er sich
vielleicht habe die Haare zu kurz scheren lassen, er wußte bloß
im Augenblick nicht, wann; er fuhr heimlich mit der Hand hin,
aber das Haar war länger, als es sein sollte, und ungepflegt, seit
er krank war. So wird sich die Kappe geweitet haben, dachte er,
aber sie war noch fast neu und wie sollte sie sich geweitet haben,
während sie unbenützt in einer Truhe lag. So machte er einen
Scherz daraus und meinte, daß wohl in vielen Jahren, wo er nur
mit Kriegsknechten gelebt habe und nicht mit gebildeten
Kavalieren, sein Schädel kleiner geworden sein möge. Er fühlte,
wie plump ihm der Scherz vom Munde kam, und auch die Frage
war damit nicht weggeschafft, denn kann ein Schädel kleiner
werden? Die Kraft in den Adern kann nachlassen, das Fett unter
der Kopfhaut kann im Fieber etwas zusammenschmelzen: aber
was gibt das aus?! Nun tat er zuweilen, als ob er sich das Haar
glatt striche, schützte auch vor, sich den Schweiß zu trocknen,
oder trachtete, sich unbemerkt in den Schatten zurückzubeugen,
und griff schnell, mit zwei Fingerspitzen wie mit einem Maurer-
zirkel,[24] seinen Schädel ab, ein paarmal, mit verschiedenen Griffen:
aber es blieb kein Zweifel, der Kopf war kleiner geworden, und
wenn man ihn von innen, mit den Gedanken befühlte, so war er

noch viel kleiner und wie zwei dünne aufeinandergeklappte Schälchen.[25]

Man kann ja vieles nicht erklären, aber man trägt es nicht auf den Schultern und fühlt es nicht jedesmal, wenn man den Hals nach zwei Menschen wendet, die sprechen, während man zu schlafen scheint. Er hatte die fremde Sprache schon lange bis auf wenige Worte vergessen; aber einmal verstand er den Satz: «Du tust das nicht, was du willst, und tust das, was du nicht willst.» Der Ton schien eher zu drängen als zu scherzen; was mochte er meinen? Ein andermal beugte er sich weit aus dem Fenster hinaus, ins Rauschen des Flusses; er tat das jetzt oft wie ein Spiel: der Lärm, so wirr wie durcheinandergefegtes Heu, schloß das Ohr, und wenn man aus der Taubheit zurückkehrte, tauchte klein darin und fern das Gespräch der Frau mit dem Andern auf; und es war ein lebhaftes Gespräch, ihre Seelen schienen sich wohl miteinander zu fühlen. Das drittemal lief er überhaupt nur den beiden nach, die abends noch in den Hof gingen; wenn sie an der Fackel oben auf der Freitreppe[26] vorbeikamen, mußte ihr Schatten auf die Baumkronen fallen; er beugte sich rasch vor, als dies geschah, aber in den Blättern verschwammen die Schatten von selbst in einen. Zu jeder andren Zeit hätte er versucht, mit Pferd und Knechten sich das Gift aus dem Leib zu jagen oder es im Wein zu verbrennen. Aber der Kaplan und der Schreiber fraßen und tranken so, daß ihnen Wein und Speise bei den Mundwinkeln herausliefen, und der junge Ritter schwang ihnen lachend die Kanne zu, wie man Hunde aufeinanderhetzt. Der Wein ekelte Ketten, den die mit scholastischer Tünche überzogenen Lümmel[27] soffen. Sie sprachen vom tausendjährigen Reich,[28] von Doktorsfragen und Bettstrohgeschichten;[29] deutsch und in Kirchenlatein. Ein durchreisender Humanist übersetzte, wo es fehlte, zwischen diesem Welsch und dem des Portugiesen; er hatte sich den Fuß verstaucht und heilte ihn hier kräftig aus. «Er ist vom Pferd gefallen, als ein Hase vorbeisprang», gab der Schreiber zum besten.[30] «Er hielt ihn für einen Lindwurm»,

sagte mit unwilligem Spott der Herr von Ketten, der zögernd
dabeistand. «Aber das Pferd doch auch!» brüllte der Burgkaplan,
«sonst wäre es nicht so gesprungen: Also hat der Magister selbst
für einen Roßverstand mehr Einsicht als der Herr!» Die Trun-
kenen lachten über den Herrn von Ketten. Der sah sie an, trat
einen Schritt näher und schlug den Kaplan ins Gesicht. Das war
ein runder junger Bauer, er wurde rot über den Kopf, aber dann
ganz bleich, und blieb sitzen. Der junge Ritter stand lächelnd auf
und ging die Freundin suchen. «Warum habt Ihr ihn nicht
erdolcht?!» zischte der Hasen-Humanist auf, als sie allein waren.
«Er ist ja stark wie zwei Stiere», antwortete der Kaplan, «und
auch ist die christliche Lehre wahrhaft geeignet, um in solchen
Lagen Trost zu geben.» Aber in Wahrheit war der Herr von
Ketten noch sehr schwach, und allzu langsam kehrte das Leben
in ihn wieder; er konnte die zweite Stufe der Genesung nicht
finden.

Der Fremde reiste nicht weiter, und seine Gespielin verstand
schlecht die Andeutungen ihres Herrn. Seit elf Jahren hatte sie
auf den Gatten gewartet, elf Jahre lang war er der Geliebte des
Ruhms und der Phantasie gewesen, nun ging er in Haus und
Hof umher und sah, von Krankheit zerschabt,[31] recht gewöhnlich aus neben Jugend und höfischem Anstand. Sie machte sich
nicht viel Gedanken darüber, aber sie war ein wenig müde dieses
Lands geworden, das Unsagbares versprochen hatte, und mochte
sich nicht überwinden, schon wegen eines schiefen Gesichts den
Gespielen ziehen zu lassen, der den Duft der Heimat hatte und
Gedanken, bei denen man lachen konnte. Sie hatte sich nichts
vorzuwerfen; ein wenig oberflächlicher war sie seit Wochen,
aber das tat wohl, und sie fühlte, ihr Antlitz glänzte jetzt manchmal wieder so wie vor Jahren. Eine Wahrsagerin, die er befragte,
sagte dem Herrn von Ketten voraus: Ihr werdet nur gesund,
wenn Ihr etwas vollbringt —, aber da er in sie drang, was das
wäre, schwieg sie, suchte ihm zu entkommen und erklärte
schließlich, daß sie es nicht finden könne.

Er hätte es immer verstanden, die Gastfreundschaft mit feinem
Schnitt zu lösen,[32] statt sie zu brechen, auch ist die Heiligkeit des
Lebens und des Gastrechts für einen, der durch Jahre ungebetner
Gast bei seinen Feinden war, kein unübersteigliches Hindernis,
aber die Schwäche der Genesung machte ihn diesmal fast stolz
darauf, unbeholfen zu sein; solche arglistige Klugheit erschien
ihm nicht besser als die kindische Wortklugheit des Jungen.
Seltsames widerfuhr ihm. In den Nebeln der Krankheit, die ihn
umfangen hielten, erschien ihm die Gestalt seiner Frau weicher,
als es hätte sein müssen; sie erschien ihm nicht anders als früher,
wenn es ihn gewundert hatte, ihre Liebe zuweilen heftiger
wiederzufinden als sonst, während doch in der Abwesenheit
keine Ursache lag. Er hätte nicht einmal sagen können, ob er
heiter oder traurig war; genau so wie in jenen Tagen der tiefen
Todesnähe. Er konnte sich nicht rühren. Wenn er seiner Frau
in die Augen sah, waren sie wie frischgeschliffen, sein eignes Bild
lag obenauf, und sie ließen seinen Blick nicht ein. Ihm war zu
Mut, es müßte ein Wunder geschehn, weil sonst nichts geschah,
und man darf das Schicksal nicht reden heißen, wenn es schweigen
will, sondern soll horchen, was kommen wird.

Eines Tags, als sie in Gesellschaft den Berg heraufkamen,
war oben vor dem Tor die kleine Katze. Sie stand vor dem Tor,
als wollte sie nicht nach Katzenart über die Mauer setzen, sondern nach Menschenart Einlaß, machte einen Buckel zum Will-
komm und strich den ohne irgend einen Grund über ihre
Anwesenheit erstaunten großen Geschöpfen um Rock und
Stiefel. Sie wurde eingelassen, aber es war gleich, als ob man
einen Gast empfinge, und schon am nächsten Tag zeigte sich,
daß man vielleicht ein kleines Kind aufgenommen hatte, aber
nicht bloß eine Katze: solche Ansprüche stellte das zierliche Tier,
das nicht den Vergnügungen in Kellern und Dachböden nach-
ging, sondern keinen Augenblick aus der Gesellschaft der
Menschen wich. Und es hatte die Gabe, ihre Zeit für sich zu be-
anspruchen, was recht unbegreiflich war, da es doch so viel andre,

edlere Tiere am Schloß gab, und die Menschen auch mit sich
selbst viel zu tun hatten; es schien geradezu davon zu kommen,
daß sie die Augen zu Boden senken mußten, um dem kleinen
Wesen zuzusehn, das sich ganz unauffällig benahm und um ein
klein wenig stiller, ja man könnte fast sagen trauriger und nach-
denklicher war, als einer jungen Katze zukam. Die spielte so, wie
sie wissen mußte, daß Menschen es von jungen Katzen erwarten,
kletterte auf den Schoß und gab sich sogar ersichtlich Mühe,
freundlich mit den Menschen zu sein, aber man konnte fühlen,
daß sie nicht ganz dabei war; und gerade dies, was zu einer
gewöhnlichen jungen Katze fehlte, war wie ein zweites Wesen,
ein Ab-Wesen [33] oder ein stiller Heiligenschein, der sie umgab,
ohne daß einer den Mut gefunden hätte, das auszusprechen. Die
Portugiesin beugte sich zärtlich über das Geschöpfchen, das in
ihrem Schoß am Rücken lag und mit den winzigen Krallen nach
ihren tändelnden Fingern schlug wie ein Kind, der junge Freund
beugte sich lachend und tief über Katze und Schoß, und Herrn
von Ketten erinnerte das zerstreute Spiel an seine halb über-
wundene Krankheit, als wäre die, samt ihrer Todessanftheit, in
das Tierkörperchen verwandelt, nun nicht mehr bloß in ihm,
sondern zwischen ihnen. Ein Knecht sagte: Die bekommt die
Räude.

Herr von Ketten wunderte sich, weil er das nicht selbst
erkannt hatte; der Knecht wiederholte: Die muß man beizeiten
erschlagen.

Die kleine Katze hatte inzwischen einen Namen aus einem der
Märchenbücher erhalten. Sie war noch sanfter und duldsamer
geworden. Jetzt konnte man auch schon bemerken, daß sie
krank und fast leuchtend schwach wurde. Sie ruhte immer länger
aus im Schoß von den Geschäften der Welt, und ihre kleinen
Krallen hielten sich mit zärtlicher Angst fest. Sie begann jetzt
auch einen um den andren anzusehn; den bleichen Ketten und
den jungen Portugiesen, der vorgeneigt saß und den Blick von
ihr nicht wendete, oder von dem Atmen des Schoßes, in dem sie

lag. Sie sah sie an, als wollte sie um Vergebung dafür bitten, daß
es häßlich sein werde, was sie in geheimer Vertretung für alle
litt. Und dann begann ihr Martyrium.

Eines Nachts begann das Erbrechen, und sie erbrach bis zum
Morgen; sie war ganz matt und wirr im wiederkehrenden
Tageslichte, als hätte sie viele Schläge vor den Kopf erhalten.
Aber vielleicht hatte man dem verhungerten armen Kätzchen
bloß im Übereifer der Liebe zuviel zu fressen gegeben: doch im
Schlafzimmer konnte sie danach nicht mehr bleiben und wurde
zu den Burschen in die Hofkammer getan. Aber die Burschen
klagten nach zwei Tagen, daß es nicht besser geworden sei, und
wahrscheinlich hatten sie sie auch in der Nacht hinausgeworfen.
Und sie brach [34] jetzt nicht nur, sondern konnte auch den Stuhl
nicht halten, und nichts war vor ihr sicher. Das war nun eine
schwere Probe, zwischen einem kaum sichtbaren Heiligenschein
und dem gräßlichen Schmutz, und es entstand der Beschluß —
man hatte inzwischen erfahren, woher sie gekommen war, — sie
dorthin zurücktragen zu lassen; es war ein Bauernhaus unten
am Fluß, nahe dem Fuß des Berges. Man würde heute sagen, sie
stellten sie ihrer Heimatgemeinde zurück und wollten weder etwas
verantworten, noch sich lächerlich machen; aber das Gewissen
drückte sie alle, und sie gaben Milch und ein wenig Fleisch mit,
sogar Geld, damit die Bauersleute, wo Schmutz nicht so viel
ausmachte, gut für sie sorgten. Die Dienstleute schüttelten
dennoch die Köpfe über ihre Herrn.

Der Knecht, der die kleine Katze hinuntergetragen hatte,
erzählte, daß sie ihm nachgelaufen war, als er zurückging, und
daß er noch einmal hatte umkehren müssen: zwei Tage später
war sie wieder oben am Schloß. Die Hunde wichen ihr aus, die
Dienstleute trauten sich wegen der Herrschaft nicht, sie fortzu-
jagen, und als die sie erblickte, stand schweigend fest, daß jetzt
niemand mehr ihr verweigern wollte, hier oben zu sterben.
Sie war ganz abgemagert und glanzlos geworden, aber das
ekelerregende Leiden schien sie überwunden zu haben und

nahm bloß fast zusehends an Körperlichkeit ab. Es folgten zwei Tage, die verstärkt alles noch einmal enthielten, was bisher gewesen war: langsames, zärtliches Umhergehen in dem Obdach, wo man sie hegte; zerstreutes Lächeln mit den Pfoten, wenn sie nach einem Stückchen Papier schlug, das man vor ihr tanzen ließ; zuweilen ein leichtes Wanken vor Schwäche, obgleich vier Beine sie stützten, und am zweiten Tag fiel sie zuweilen auf die Seite. An einem Menschen würde man dieses Hinschwinden nicht so seltsam empfunden haben, aber an dem Tier war es wie eine Menschwerdung. Fast mit Ehrfurcht sahen sie ihr zu; keiner dieser drei Menschen in seiner besonderen Lage blieb von dem Gedanken verschont, daß es sein eigenes Schicksal sei, das in diese vom Irdischen schon halb gelöste kleine Katze übergegangen war. Aber am dritten Tag begannen wieder das Erbrechen und die Unreinlichkeit. Der Knecht stand da, und wenn er sich auch nicht traute, es zu wiederholen, sagte doch sein Schweigen: man muß sie erschlagen. Der Portugiese senkte den Kopf wie bei einer Versuchung, dann sagte er zur Freundin: es wird nicht anders gehn; ihm kam es selbst vor, als hätte er sich zu seinem eigenen Todesurteil bekannt. Und mit einemmal sahen alle den Herrn von Ketten an. Der war weiß wie die Wand geworden, stand auf und ging. Da sagte die Portugiesin zum Knecht:

Nimm sie zu dir.

Der Knecht hatte die Kranke auf seine Kammer genommen, und am nächsten Tag war sie fort. Niemand frug. Alle wußten, daß er sie erschlagen hatte. Alle fühlten sich von einer unaussprechlichen Schuld bedrückt; es war etwas von ihnen gegangen. Nur die Kinder fühlten nichts und fanden es in Ordnung, daß der Knecht eine schmutzige Katze erschlug, mit der man nicht mehr spielen konnte. Aber die Hunde am Hof schnupperten zuweilen an einem Grasfleck, auf den die Sonne schien, steiften die Beine, sträubten das Fell und blickten schief zur Seite. In einem solchen Augenblick begegneten sich Herr von Ketten und die Portugiesin. Sie blieben beieinander stehn, sahn nach den

Hunden hinüber und fanden kein Wort. Das Zeichen war
dagewesen, aber wie war es zu deuten, und was sollte geschehn?
Eine Kuppel von Stille war um die beiden.

Wenn sie ihn bis zum Abend nicht fortgeschickt hat, muß ich
ihn töten — dachte Herr von Ketten. Aber der Abend kam,
und es hatte sich nichts ereignet. Das Vesperbrot war vorbei.
Ketten saß ernst, von leichtem Fieber gewärmt. Er ging in den
Hof, sich zu kühlen, er blieb lange aus. Er vermochte den letzten
Entschluß nicht zu finden, der ihm sein ganzes Dasein lang
spielend leicht gewesen war. Pferde satteln, Harnisch anschnallen,
ein Schwert ziehn, diese Musik seines Lebens war ihm miß-
tönend; Kampf erschien ihm wie eine sinnlos fremde Bewegung, selbst der kurze Weg eines Messers war wie eine unendlich
lange Straße, auf der man verdorrt.[35] Aber auch Leiden war nicht
seine Art; er fühlte, daß er nie wieder ganz genesen würde, wenn
er sich dem nicht entriß. Und neben beidem gewann allmählich
etwas anderes Raum: als Knabe hatte er immer die unersteig-
liche Felswand unter dem Schloß hinaufklettern wollen; es
war ein unsinniger und selbstmörderischer Gedanke, aber er
gewann dunkles Gefühl für sich wie ein Gottesurteil oder ein
nahendes Wunder. Nicht er, sondern die kleine Katze aus dem
Jenseits würde diesen Weg wiederkommen, schien ihm. Er
schüttelte leise lachend den Kopf, um ihn auf den Schultern zu
fühlen, aber dabei erkannte er sich schon weit unten auf dem
steinigen Weg, der den Berg hinabführte.

Tief beim Fluß bog er ab; über Blöcke zwischen denen das
Wasser trieb, dann an Büschen hinauf an die Wand. Der Mond
zeichnete mit Schattenpunkten die kleinen Vertiefungen, in
welche Finger und Zehen hineingreifen konnten. Plötzlich
brach ein Stein unter dem Fuß weg; der Ruck schoß in die
Sehnen, dann ins Herz. Ketten horchte; es schien ohne Ende zu
dauern, bevor der Stein ins Wasser schlug; er mußte mindestens
ein Drittel der Wand schon unter sich haben. Da wachte er, so
schien es deutlich, auf und wußte, was er getan hatte. Unten

ankommen konnte nur ein Toter, und die Wand hinauf der Teufel. Er tastete suchend über sich. Bei jedem Griff hing das Leben in den zehn Riemchen der Fingersehnen; Schweiß trat aus der Stirn, Hitze flog im Körper, die Nerven wurden wie steinerne Fäden: aber, seltsam zu fühlen, begannen bei diesem Kampf mit dem Tod Kraft und Gesundheit in die Glieder zu fließen, als kehrten sie von außen wieder in den Körper zurück. Und das Unwahrscheinliche gelang; noch mußte oben einem Überhang nach der Seite ausgewichen sein;[36] dann schlang sich der Arm in ein Fenster. Es wäre wohl anders, als bei diesem Fenster emporzutauchen, auch gar nicht möglich gewesen; aber er wußte, wo er war; er schwang sich hinein, saß auf der Brüstung und ließ die Beine ins Zimmer hängen. Mit der Kraft war die Wildheit wiedergekehrt. Er atmete sich aus. Seinen Dolch an der Seite hatte er nicht verloren. Es kam ihm vor, daß das Bett leer sei. Aber er wartete, bis sein Herz und seine Lungen völlig ruhig seien. Es kam ihm dabei immer deutlicher vor, daß er in dem Zimmer allein war. Er schlich zum Bett: es hatte in dieser Nacht niemand darin gelegen.

Der Herr von Ketten schlich durch Zimmer, Gänge, Türen, die keiner zum erstenmal findet,[37] der nicht geführt ist, vor das Schlafgemach seiner Frau. Er lauschte und wartete, aber kein Flüstern verriet sich. Er glitt hinein; die Portugiesin atmete sanft im Schlaf; er bückte sich in dunkle Ecken, tastete an Wänden, und als er sich wieder aus dem Zimmer drückte, hätte er beinahe gesungen vor Freude, die an seinem Unglauben rüttelte. Er stöberte[38] durch das Schloß, aber schon krachten die Dielen und Fliesen unter seinem Tritt, als suchte er eine freudige Überraschung. Im Hof rief ihn ein Knecht an, wer er sei. Er fragte nach dem Gast. Fortgeritten, meldete der Knecht, wie der Mond heraufkam. Der Herr von Ketten setzte sich auf einen Stapel halbentrindeter Hölzer, und die Wache wunderte sich, wie lang er saß. Plötzlich packte ihn die Gewißheit an, wenn er jetzt das Zimmer der Portugiesin wieder betrete, werde sie nicht mehr da sein. Er pochte heftig und trat ein; die junge Frau fuhr auf, als hätte sie im Traum darauf gewartet, und sah ihn angekleidet vor sich stehn, so wie er fortgegangen war. Es war nichts bewiesen und nichts weggeschafft, aber sie fragte nicht, und er hätte nichts fragen können. Er zog den schweren Vorhand vom Fenster zurück, und der Vorhang des Brausens stieg auf, hinter dem alle Catene geboren wurden und starben.

«Wenn Gott Mensch werden konnte, kann er auch Katze werden», sagte die Portugiesin, und er hätte ihr die Hand vor den Mund halten müssen, wegen der Gotteslästerung, aber sie wußten, kein Laut davon drang aus diesen Mauern hinaus.

DIE AMSEL

Die beiden Männer, deren ich erwähnen muß — um drei
kleine Geschichten zu erzählen, bei denen es darauf ankommt,
wer sie berichtet —, waren Jugendfreunde; nennen wir sie Aeins
und Azwei. Denn im Grunde ist Jugendfreundschaft[1] um so
sonderbarer, je älter man wird. Man ändert sich im Laufe solcher
Jahre vom Scheitel bis zur Sohle und von den Härchen der Haut
bis ins Herz, aber das Verhältnis zueinander bleibt merkwürdigerweise das gleiche und ändert sich sowenig wie die Bezie-
hungen, die jeder einzelne Mensch zu den verschiedenen Herren
pflegt, die er der Reihe nach mit Ich anspricht.[2] Es kommt ja
nicht darauf an, ob man so empfindet wie der kleine Knabe mit
dickem Kopf und blondem Haar, der einst photographiert worden ist; nein, man kann im Grunde nicht einmal sagen, daß man
dieses kleine, alberne, ichige[3] Scheusal gern hat. Und so ist man
auch mit seinen besten Freunden weder einverstanden noch
zufrieden; ja, viele Freunde mögen sich nicht einmal leiden. In
gewissem Sinn sind das sogar die tiefsten und besten Freund-
schaften und enthalten das unbegreifliche Element ohne alle
Beimengungen.

Die Jugend, welche die beiden Freunde Aeins und Azwei
verband, war nichts weniger als eine religiöse gewesen. Sie
waren zwar beide in einem Institut[4] erzogen worden, wo man
sich schmeichelte, den religiösen Grundsätzen gebührenden
Nachdruck zu geben; aber seine Zöglinge setzten ihren ganzen
Ehrgeiz darein, nichts davon zu halten. Die Kirche dieses
Instituts zum Beispiel war eine schöne, richtige, große Kirche,
mit einem steinernen Turm, und nur für den Gebrauch der
Schule bestimmt. So konnten, da niemals ein Fremder eintrat,

immer einzelne Gruppen der Schüler, indes der Rest, je nachdem es die heilige Sitte forderte, vorn in den Bänken bald kniete, bald aufstand,[5] hinten bei den Beichtstühlen Karten spielen, auf der Orgeltreppe Zigaretten rauchen oder sich auf den Turm verziehen, der unter dem spitzen Dach wie einen Kerzenteller[6] einen steinernen Balkon trug, auf dessen Geländer in schwindelnder Höhe Kunststücke ausgeführt wurden, die selbst weniger sündenbeladene Knaben den Hals kosten konnten.

Eine dieser Herausforderungen Gottes bestand darin, sich auf dem Turmgeländer, mit dem Blick nach unten, durch langsamen Druck der Muskeln in die Höhe zu heben und schwankend auf den Händen stehenzubleiben; jeder, der dieses Akrobatenkunststück zu ebener Erde ausgeführt hat, wird wissen, wieviel Selbstvertrauen, Kühnheit und Glück dazu gehören, es auf einem fußbreiten Steinstreifen in Turmhöhe zu wiederholen. Es muß auch gesagt werden, daß viele wilde und geschickte Burschen sich dessen nicht unterfingen,[7] obgleich sie zu ebener Erde auf ihren Händen geradezu lustwandeln konnten. Zum Beispiel Aeins tat es nicht. Dagegen war Azwei, und das mag gut zu seiner Einführung als Erzähler dienen, in seiner Knabenzeit der Erfinder dieser Gesinnungsprobe gewesen. Es war schwer, einen Körper zu finden wie den seinen. Er trug nicht die Muskeln des Sports wie die Körper vieler, sondern schien einfach und mühelos von Natur aus Muskeln geflochten zu sein. Ein schmaler, ziemlich kleiner Kopf saß darauf, mit Augen, die in Samt gewickelte Blitze waren, und mit Zähnen, die es eher zuließen, an die Blankheit eines jagenden Tiers zu denken, als die Sanftmut der Mystik zu erwarten.

Später, in ihrer Studienzeit, schwärmten die beiden Freunde für eine materialistische Lebenserklärung, die ohne Seele und Gott den Menschen als physiologische oder wirtschaftliche Maschine ansieht, was er ja vielleicht auch wirklich ist, worauf es ihnen aber gar nicht ankam, weil der Reiz solcher Philosophie nicht in ihrer Wahrheit liegt, sondern in ihrem dämonischen, pessimistischen, schaurig-intellektuellen Charakter. Damals war ihr Verhältnis zueinander bereits eine Jugendfreundschaft. Denn Azwei studierte Waldwirtschaft und sprach davon, als Forstingenieur weit fortzugehen, nach Rußland oder Asien, sobald seine Studien vollendet wären; während sein Freund, statt solcher jungenhaften, schon eine solidere Schwärmerei gewählt hatte und sich zu dieser Zeit in der aufstrebenden Arbeiterbewegung[8] umtat. Als sie dann kurz vor dem großen Krieg wieder zusammentrafen, hatte Azwei seine russischen Unternehmungen bereits hinter sich; er erzählte wenig von ihnen, war in den Bureaus irgendeiner großen Gesellschaft angestellt und schien beträchtliche Fehlschläge erlitten zu haben, wenn es ihm auch bürgerlich auskömmlich[9] ging. Sein Jugendfreund aber war inzwischen aus einem Klassenkämpfer[10] der Herausgeber einer Zeitung geworden, die viel vom sozialen Frieden schrieb und einem Börsenmann[11] gehörte. Sie verachteten sich seither gegenseitig und untrennbar, verloren einander aber wieder aus den Augen; und als sie endlich für kurze Zeit abermals zusammengeführt wurden, erzählte Azwei das nun Folgende in der Art, wie man vor einem Freund einen Sack mit Erinnerungen ausschüttet, um mit der leeren Leinwand weiterzugehen. Es kam unter diesen Umständen wenig darauf an, was dieser erwiderte, und es kann ihre Unterredung fast wie ein Selbstgespräch erzählt werden. Wichtiger wäre es, wenn man genau zu beschreiben vermöchte, wie Azwei damals aussah, weil dieser unmittelbare Eindruck für die Bedeutung seiner Worte nicht ganz zu entbehren ist. Aber das ist schwer. Am ehesten könnte man sagen, er erinnerte an eine scharfe, nervige, schlanke Reitgerte, die, auf ihre weiche Spitze gestellt, an einer Wand lehnt; in so einer halb aufgerichteten und halb zusammengesunkenen Lage schien er sich wohlzufühlen.

Zu den sonderbarsten Orten der Welt — sagte Azwei — gehören jene Berliner Höfe, wo zwei, drei oder vier Häuser

einander den Hintern zeigen, Köchinnen sitzen mitten in den
Wänden, in viereckigen Löchern, und singen. Man sieht es dem
roten Kupfergeschirr auf den Borden an, wie laut es klappert.
Tief unten grölt eine Männerstimme Scheltworte zu einem der
Mädchen empor, oder es gehen schwere Holzschuhe auf dem
klinkernden Pflaster hin und her. Langsam. Hart. Ruhelos.
Sinnlos. Immer. Ist es so oder nicht?

Da hinaus und hinab sehen nun die Küchen und die Schlafzimmer; nahe beieinander liegen sie, wie Liebe und Verdauung
am menschlichen Körper. Etagenweise sind die Ehebetten übereinander geschichtet; denn alle Schlafzimmer haben im Haus die
gleiche Lage, und Fensterwand, Badezimmerwand, Schrankwand
bestimmen den Platz des Bettes fast auf den halben Meter genau.
Ebenso etagenweise türmen sich die Speisezimmer übereinander,
das Bad mit den weißen Kacheln und der Balkon mit dem roten
Lampenschirm. Liebe, Schlaf, Geburt, Verdauung, unerwartete
Wiedersehen, sorgenvolle und gesellige Nächte liegen in diesen
Häusern übereinander wie die Säulen der Brötchen in einem
Automatenbüfett. Das persönliche Schicksal ist in solchen
Mittelstandswohnungen schon vorgerichtet, wenn man einzieht.
Du wirst zugeben, daß die menschliche Freiheit hauptsächlich
darin liegt, wo und wann man etwas tut, denn was die Menschen
tun, ist fast immer das gleiche: da hat es eine verdammte Bedeu-
tung, wenn man auch noch den Grundriß von allem gleich macht.
Ich bin einmal auf einen Schrank geklettert, nur um die Vertikale
auszunutzen, und kann sagen, daß das unangenehme Gespräch,
das ich zu führen hatte, von da ganz anders aussah.

Azwei lachte über seine Erinnerung und schenkte sich ein;
Aeins dachte daran, daß sie auf einem Balkon mit einem roten
Lampenschirm säßen, der zu seiner Wohnung gehörte, aber er
schwieg, denn er wußte zu genau, was er hätte einwenden können.

Ich gebe übrigens noch heute zu, daß etwas Gewaltiges in
dieser Regelmäßigkeit liegt — räumte Azwei von selbst ein —,
und damals glaubte ich, in diesem Geist der Massenhaftigkeit und

Öde etwas wie eine Wüste oder ein Meer zu sehen; ein Schlacht-
haus in Chikago, obgleich mir die Vorstellung den Magen
umdreht, ist doch eine ganz andere Sache als ein Blumentöpf-
chen! Das Merkwürdige war aber, daß ich gerade in der Zeit,
wo ich diese Wohnung besaß, ungewöhnlich oft an meine Eltern
dachte. Du erinnerst dich, daß ich so gut wie jede Beziehung zu
ihnen verloren hatte; aber da gab es nun mit einem Male in
meinem Kopf den Satz: Sie haben dir das Leben geschenkt; und
dieser komische Satz kehrte von Zeit zu Zeit wieder wie eine
Fliege, die sich nicht verscheuchen läßt. Es ist über diese schein-
heilige Redensart, die man uns in der Kindheit einprägt, weiter
nichts zu bemerken. Aber wenn ich meine Wohnung betrachtete,
sagte ich nun ebenso: Siehst du, jetzt hast du dein Leben
gekauft; für soundsoviel Mark jährlicher Miete. Vielleicht sagte
ich auch manchmal: Nun hast du ein Leben aus eigener Kraft
geschaffen. Es lag so in der Mitte zwischen Warenhaus, Versicherung auf Ableben [12] und Stolz. Und da erschien es mir doch
überaus merkwürdig, ja geradezu als ein Geheimnis, daß es etwas
gab, das mir geschenkt worden war, ob ich wollte oder nicht, und
noch dazu das Grundlegende von allem übrigen. Ich glaube,
dieser Satz barg einen Schatz von Unregelmäßigkeit und
Unberechenbarkeit, den ich vergraben hatte. Und dann kam eben
die Geschichte mit der Nachtigall.

Sie begann mit einem Abend wie viele andere. Ich war zu
Hause geblieben und hatte mich, nachdem meine Frau zu Bett
gegangen war, ins Herrenzimmer gesetzt; der einzige Unter-
schied von ähnlichen Abenden bestand vielleicht darin, daß ich
kein Buch und nichts anrührte; aber auch das war schon vorge-
kommen. Nach ein Uhr fängt die Straße an ruhiger zu werden;
Gespräche beginnen als Seltenheit zu wirken; es ist hübsch, mit
dem Ohr dem Vorschreiten der Nacht zu folgen. Um zwei Uhr
ist Lärmen und Lachen unten schon deutlich Trunkenheit und
Späte. Mir wurde bewußt, daß ich auf etwas wartete, aber ich
ahnte nicht, worauf. Gegen drei Uhr, es war im Mai, fing der

Himmel an, lichter zu werden; ich tastete mich durch die dunkle Wohnung bis ans Schlafzimmer und legte mich geräuschlos nieder. Ich erwartete nun nichts mehr als den Schlaf und am nächsten Morgen einen Tag wie den abgelaufenen.[13] Ich wußte bald nicht mehr, ob ich wachte oder schlief. Zwischen den Vorhängen und den Spalten der Rolläden quoll dunkles Grün auf, dünne Bänder weißen Morgenschaums schlangen sich hindurch. Es kann mein letzter wacher Eindruck gewesen sein oder ein ruhendes Traumgesicht.[14] Da wurde ich durch etwas Näherkommendes[15] erweckt; Töne kamen näher. Ein-, zweimal stellte ich das schlaftrunken fest. Dann saßen sie auf dem First des Nachbarhauses und sprangen dort in die Luft wie Delphine. Ich hätte auch sagen können, wie Leuchtkugeln beim Feuerwerk; denn der Eindruck von Leuchtkugeln blieb; im Herabfallen zerplatzten sie sanft an den Fensterscheiben und sanken wie große Silbersterne in die Tiefe. Ich empfand jetzt einen zauberhaften Zustand; ich lag in meinem Bett wie eine Figur auf ihrer Grabplatte und wachte, aber ich wachte anders als bei Tage. Es ist sehr schwer zu beschreiben, aber wenn ich daran denke, ist mir, als ob mich etwas umgestülpt[16] hätte; ich war keine Plastik mehr, sondern etwas Eingesenktes.[17] Und das Zimmer war nicht hohl, sondern bestand aus einem Stoff, den es unter den Stoffen des Tages nicht gibt, einem schwarz durchsichtigen und schwarz zu durchfühlenden[18] Stoff, aus dem auch ich bestand. Die Zeit rann in fieberkleinen schnellen Pulsschlägen. Weshalb sollte nicht jetzt geschehen, was sonst nie geschieht? — Es ist eine Nachtigall, was[19] da singt! — sagte ich mir halblaut vor.

Nun gibt es ja in Berlin vielleicht mehr Nachtigallen, — fuhr Azwei fort — als ich dachte. Ich glaubte damals, es gäbe in diesem steinernen Gebirge[20] keine, und diese sei weither zu mir geflogen. Zu mir!! — fühlte ich und richtete mich lächelnd auf. — Ein Himmelsvogel! Das gibt es also wirklich! — In einem solchen Augenblick, siehst du, ist man auf die natürlichste Weise bereit, an das Übernatürliche zu glauben; es ist, als ob man seine

Kindheit in einer Zauberwelt verbracht hätte. Ich dachte unverzüglich:[21] Ich werde der Nachtigall folgen. Leb wohl, Geliebte!
— dachte ich — Lebt wohl, Geliebte, Haus, Stadt . . .! Aber ehe
ich noch von meinem Lager gestiegen war, und eher ich mir
klargemacht hatte, ob ich denn zu der Nachtigall auf die Dächer
steigen oder ob ich ihr unten in den Straßen folgen wolle, war
der Vogel verstummt und offenbar weitergeflogen.

Nun sang er auf einem andern Dach für einen andern Schlafenden. — Azwei dachte nach. — Du wirst annehmen, daß die
Geschichte damit zu Ende ist? — Erst jetzt fing sie an, und ich
weiß nicht, welches Ende sie finden soll!

Ich war verwaist und von schwerem Mißmut bedrückt
zurückgeblieben. Es war gar keine Nachtigall, es war eine
Amsel, sagte ich mir, genau so, wie du es sagen möchtest.
Solche Amseln machen, das weiß man, andere Vögel nach.[22]
Ich war nun völlig wach, und die Stille langweilte mich. Ich
zündete eine Kerze an und betrachtete die Frau, die neben mir
lag. Ihr Körper sah blaß ziegelfarben aus. Über der Haut lag der
weiße Rand der Bettdecke wie ein Schneestreifen. Breite
Schattenlinien krümmten sich um den Körper, deren Herkunft
nicht recht zu begreifen war, obgleich sie natürlich mit der Kerze
und der Haltung meines Arms zusammenhängen mußten. —
Was tut es, — dachte ich dabei — wenn es wirklich nur eine
Amsel war! Oh, im Gegenteil; gerade daß es bloß eine ganz
gewöhnliche Amsel gewesen ist, was mich so verrückt machen
konnte: das bedeutet noch viel mehr! Du weißt doch, man weint
nur bei einer einfachen Enttäuschung, bei einer doppelten bringt
man schon wieder ein Lächeln zuwege. Und ich sah dazwischen
immer wieder meine Frau an. Das alles hing ganz von selbst zusammen, aber ich weiß nicht wie. Seit Jahren habe ich dich
geliebt — dachte ich — wie nichts auf dieser Welt, und nun
liegst du da wie eine ausgebrannte Hülse der Liebe. Nun bist
du mir ganz fremd geworden, nun bin ich herausgekommen am
anderen Ende der Liebe. War das Überdruß? Ich erinnere mich

nicht, je Überdruß empfunden zu haben. Und ich schildere es dir
so, als ob ein Gefühl ein Herz durchbohren könnte wie einen
Berg, auf dessen anderer Seite eine andere Welt mit dem gleichen
Tal, den gleichen Häusern und kleinen Brücken liegt. Aber ich
wußte ganz einfach nicht, was es war. Ich weiß das auch heute
nicht. Vielleicht habe ich unrecht, dir diese Geschichte im
Zusammenhang mit zwei andern zu erzählen, die darauf gefolgt
sind. Ich kann dir nur sagen, wofür ich es hielt, als ich es erlebte:
Es hatte mich von irgendwo ein Signal getroffen — das war mein
Eindruck davon.

Ich legte meinen Kopf neben ihren Körper, die ahnungslos
und ohne Teilnahme schlief. Da schien sich ihre Brust in Übermaßen[23] zu heben und zu senken, und die Wände des Zimmers
tauchten an diesem schlafenden Leib auf und ab wie hohe See um
ein Schiff, das schon weit im Fahren ist. Ich hätte es wahrscheinlich nie über mich gebracht,[24] Abschied zu nehmen; aber
wenn ich mich jetzt fortstehle, kam mir vor, bleibe ich das
kleine verlassene Boot in der Einsamkeit, und ein großes, sicheres
Schiff ist achtlos über mich hinausgefahren. Ich küßte die
Schlafende, sie fühlte es nicht. Ich flüsterte ihr etwas ins Ohr,
und vielleicht tat ich es so vorsichtig, daß sie es nicht hörte.
Da machte ich mich über mich lustig und spottete über die
Nachtigall; aber ich zog mich heimlich an. Ich glaube, daß ich
geschluchzt habe, aber ich ging wirklich fort. Mir war taumelnd
leicht, obgleich ich mir zu sagen versuchte, daß kein anständiger
Mensch so handeln dürfe; ich erinnere mich, ich war wie ein
Betrunkener, der mit der Straße schilt, auf der er geht, um sich
seiner Nüchternheit zu versichern.

Ich habe natürlich oft daran gedacht zurückzukehren; manchmal hätte ich durch die halbe Welt zurückkehren mögen; aber
ich habe es nicht getan. Sie war unberührbar für mich geworden;[25] kurz gesagt; ich weiß nicht, ob du mich verstehst; Wer
ein Unrecht sehr tief empfindet, der ändert es nicht mehr. Ich
will übrigens nicht deine Lossprechung. Ich will dir meine

Geschichten erzählen, um zu erfahren, ob sie wahr sind; ich habe mich jahrelang mit keinem Menschen aussprechen können, und wenn ich mich darüber laut mit mir selbst sprechen hörte, wäre ich mir, offen gestanden, unheimlich.

Halte also daran fest, daß meine Vernunft deiner Aufgeklärtheit nichts nachgeben will.[26]

Aber zwei Jahre später befand ich mich in einem Sack, dem toten Winkel einer Kampflinie in Südtirol, die sich von den blutigen Gräben der Cima di Vezzena[27] an den Caldonazzo-See zurückbog. Dort lief sie tief im Tal wie eine sonnige Welle über zwei Hügel mit schönen Namen und stieg auf der andern Seite des Tals wieder empor, um sich in einem stillen Gebirge zu verlieren. Es war im Oktober; die schwach besetzten Kampfgräben versanken in Laub, der See brannte lautlos in Blau, die Hügel lagen wie große welke Kränze da; wie Grabkränze, dachte ich oft, ohne mich vor ihnen zu fürchten. Zögernd und verteilt floß das Tal um sie; aber jenseits des Striches, den wir besetzt hielten, entfloh es solcher süßen Zerstreutheit und fuhr wie ein Posaunenstoß, braun, breit und heroisch, in die feindliche Weite.

In der Nacht bezogen wir mitten darin eine vorgeschobene Stellung. Sie lag so offen im Tal, daß man uns von oben mit Steinwürfen erschlagen konnte; aber man röstete uns bloss an langsamem Artilleriefeuer. Immerhin, am Morgen nach so einer Nacht hatten alle einen sonderbaren Ausdruck, der sich erst nach einigen Stunden verlor: die Augen waren vergrößert, und die Köpfe auf den vielen Schultern richteten sich unregelmäßig auf wie ein niedergetretener Rasen. Trotzdem habe ich in jeder solchen Nacht oftmals den Kopf über den Grabenrand gehoben und ihn vorsichtig über die Schulter zurückgedreht wie ein Verliebter: da sah ich dann die Brentagruppe[28] hell himmelblau, wie aus Glas steif gefältelt, in der Nacht stehen. Und gerade in diesen Nächten waren die Sterne groß und wie aus Goldpapier gestanzt[29] und flimmerten fett wie aus Teig gebacken, und der Himmel war noch in der Nacht blau, und die dünne,

mädchenhafte Mondsichel, ganz silbern oder ganz golden, lag auf
dem Rücken mitten darin und schwamm in Entzücken. Du mußt
trachten, dir vorzustellen, wie schön das war; so schön ist nichts
im gesicherten Leben. Dann hielt ich es manchmal nicht aus und
kroch vor Glück und Sehnsucht in der Nacht spazieren; bis zu
den goldgrünen schwarzen Bäumen, zwischen denen ich mich
aufrichtete wie eine kleine braungrüne Feder im Gefieder des
ruhig sitzenden, scharfschnäbeligen Vogels Tod, der so zau-
berisch bunt und schwarz ist, wie du es nicht gesehen hast.

Tagsüber, in der Hauptstellung, konnte man dagegen geradezu
spazierenreiten. Auf solchen Plätzen, wo man Zeit zum Nachdenken wie zum Erschrecken hat, lernt man die Gefahr erst
kennen. Jeden Tag holt sie sich ihre Opfer, einen festen Wochen-
durchschnitt, soundsoviel vom Hundert, und schon die General-
stabsoffiziere der Division rechnen so unpersönlich damit wie
eine Versicherungsgesellschaft. Übrigens man selbst auch. Man
kennt instinktiv seine Chance und fühlt sich versichert, wenn
auch nicht gerade unter günstigen Bedingungen. Das ist jene
merkwürdige Ruhe, die man empfindet, wenn man dauernd im
Feuerbereich[30] lebt. Das muß ich vorausschicken, damit du dir
nicht falsche Vorstellungen von meinem Zustand machst.
Freilich kommt es vor, daß man sich plötzlich getrieben fühlt,
nach einem bestimmten bekannten Gesicht zu suchen, das man
noch vor einigen Tagen gesehen hat; aber es ist nicht mehr da.
So ein Gesicht kann dann mehr erschüttern, als vernünftig ist,
und lang in der Luft hängen wie ein Kerzenschimmer. Man hat
also weniger Todesfurcht als sonst, aber ist allerhand Erre-
gungen zugänglicher. Es ist so, als ob die Angst vor dem Ende,
die offenbar immer wie ein Stein auf dem Menschen liegt,[31]
weggewälzt worden wäre, und nun blüht in der unbestimmten
Nähe des Todes eine sonderbare innere Freiheit.

Über unsere ruhige Stellung kam einmal mitten in der Zeit
ein feindlicher Flieger. Das geschah nicht oft, weil das Gebirge
mit seinen schmalen Luftrinnen zwischen befestigten Kuppen[32]

hoch überflogen werden mußte. Wir standen gerade auf einem der Grabkränze, und im Nu war der Himmel mit den weißen Schrapnellwölkchen der Batterien betupft wie von einer behenden Puderquaste.[33] Das sah lustig aus und fast lieblich. Dazu schien die Sonne durch die dreifarbigen Tragflächen des Flugzeugs,[34] gerade als es hoch über unseren Köpfen fuhr, wie durch ein Kirchenfenster oder buntes Seidenpapier, und es hätte zu diesem Augenblick nur noch einer Musik von Mozart bedurft. Mir ging zwar der Gedanke durch den Kopf, daß wir wie eine Gruppe von Rennbesuchern beisammenstanden und ein gutes Ziel abgaben. Auch sagte einer von uns: Ihr solltet euch lieber decken![35] Aber es hatte offenbar keiner Lust, wie eine Feldmaus in ein Erdloch zu fahren. In diesem Augenblick hörte ich ein leises Klingen, das sich meinem hingerissen emporstarrenden Gesicht näherte. Natürlich kann es auch umgekehrt zugegangen sein, so daß ich zuerst das Klingen hörte und dann erst das Nahen einer Gefahr begriff; aber im gleichen Augenblick wußte ich auch schon: es ist ein Fliegerpfeil![36] Das waren spitze Eisenstäbe, nicht dicker als ein Zimmermannsblei, welche damals die Flugzeuge aus der Höhe abwarfen; und trafen sie den Schädel, so kamen sie wohl erst bei den Fußsohlen wieder heraus, aber sie trafen eben nicht oft, und man hat sie bald wieder aufgegeben. Darum war das mein erster Fliegerpfeil; aber Bomben und Maschinengewehrschüsse hört man ganz anders, und ich wußte sofort, womit ich es zu tun hätte. Ich war gespannt, und im nächsten Augenblick hatte ich auch schon das sonderbare, nicht im Wahrscheinlichen begründete Empfinden: er trifft!

Und weißt du, wie das war? Nicht wie eine schreckende Ahnung, sondern wie ein noch nie erwartetes Glück! Ich wunderte mich zuerst darüber, daß bloß ich das Klingen hören sollte. Dann dachte ich, daß der Laut wieder verschwinden werde. Aber er verschwand nicht. Er näherte sich mir, wenn auch sehr fern, und wurde perspektivisch größer. Ich sah vorsichtig die Gesichter an, aber niemand nahm ihn wahr. Und in diesem

Augenblick, wo ich inne wurde, daß ich allein diesen feinen Gesang hörte, stieg ihm etwas aus mir entgegen: ein Lebensstrahl; ebenso unendlich wie der von oben kommende des Todes. Ich erfinde das nicht, ich suche es so einfach wie möglich zu beschreiben; ich habe die Überzeugung, daß ich mich physikalisch nüchtern ausgedrückt habe; freilich weiß ich, daß das bis zu einem Grad wie im Traum ist, wo man ganz klar zu sprechen wähnt, während die Worte außen wirr sind.

Das dauerte eine lange Zeit, während derer nur ich das Geschehen näher kommen hörte. Es war ein dünner, singender, einfacher hoher Laut, wie wenn der Rand eines Glases zum Tönen gebracht wird; aber es war etwas Unwirkliches daran; das hast du noch nie gehört, sagte ich mir. Und dieser Laut war auf mich gerichtet; ich war in Verbindung mit diesem Laut und zweifelte nicht im geringsten daran, daß etwas Entscheidendes mit mir vor sich gehen wolle. Kein einziger Gedanke in mir war von der Art, die sich in den Augenblicken des Lebensabschiedes einstellen soll, sondern alles, was ich empfand, war in die Zukunft gerichtet; und ich muß einfach sagen, ich war sicher, in der nächsten Minute Gottes Nähe in der Nähe meines Körpers zu fühlen. Das ist immerhin nicht wenig bei einem Menschen, der seit seinem achten Jahr nicht an Gott geglaubt hat.

Inzwischen war der Laut von oben körperlicher geworden, er schwoll an und drohte. Ich hatte mich einigemal gefragt, ob ich warnen solle; aber mochte ich oder ein anderer getroffen werden,[37] ich wollte es nicht tun! Vielleicht steckte eine verdammte Eitelkeit in dieser Einbildung, daß da, hoch oben über einem Kampffeld, eine Stimme für mich singe. Vielleicht ist Gott überhaupt nichts, als daß wir armen Schnorrer[38] in der Enge unseres Daseins uns eitel brüsten,[39] einen reichen Verwandten im Himmel zu haben. Ich weiß es nicht. Aber ohne Zweifel hatte nun die Luft auch für die anderen zu klingen begonnen; ich bemerkte, daß Flecken von Unruhe über ihre Gesichter huschten, und siehst du — auch keiner von ihnen ließ sich ein Wort entschlüpfen!

Ich sah noch einmal diese Gesichter an: Burschen, denen nichts
ferner lag als solche Gedanken, standen, ohne es zu wissen, wie
eine Gruppe von Jüngern da, die eine Botschaft erwarten. Und
plötzlich war das Singen zu einem irdischen Ton geworden, zehn
Fuß, hundert Fuß über uns, und erstarb. Er, es war da. Mitten
zwischen uns, aber mir zunächst,[40] war etwas verstummt und
von der Erde verschluckt worden, war zu einer unwirklichen
Lautlosigkeit zerplatzt. Mein Herz schlug breit und ruhig; ich
kann auch nicht den Bruchteil einer Sekunde erschrocken gewesen
sein; es fehlte nicht das kleinste Zeitteilchen in meinem Leben.
Aber das erste, was ich wieder wahrnahm, war, daß mich alle
ansahen. Ich stand am gleichen Fleck, mein Leib aber war wild
zur Seite gerissen worden und hatte eine tiefe, halbkreisförmige
Verbeugung ausgeführt. Ich fühlte, daß ich aus einem Rausch
erwache, und wußte nicht, wie lange ich fort gewesen war.
Niemand sprach mich an; endlich sagte einer: ein Fliegerpfeil!
und alle wollten ihn suchen, aber er stak metertief in der Erde.
In diesem Augenblick überströmte mich ein heißes Dank-
gefühl, und ich glaube, daß ich am ganzen Körper errötete.
Wenn einer da gesagt hätte, Gott sei in meinen Leib gefahren,
ich hätte nicht gelacht. Ich hätte es aber auch nicht geglaubt.
Nicht einmal, daß ich einen Splitter von ihm davontrug, hätte
ich geglaubt. Und trotzdem, jedesmal, wenn ich mich daran
erinnere, möchte ich etwas von dieser Art noch einmal deutlicher
erleben!

Ich habe es übrigens noch einmal erlebt, aber nicht deutlicher
— begann Azwei seine letzte Geschichte. Er schien unsicherer
geworden zu sein, aber man konnte ihm anmerken, daß er gerade
deshalb darauf brannte,[41] sich diese Geschichte erzählen zu hören.
Sie handelte von seiner Mutter, die nicht viel von Azweis
Liebe besessen hatte; aber er behauptete, das sei nicht so gewesen.
— Wir haben oberflächlich schlecht zueinander gepaßt, — sagte
er — und das ist schließlich nur natürlich, wenn eine alte Frau

seit Jahrzehnten in der gleichen Kleinstadt lebt, und ein Sohn es
nach ihren Begriffen in der weiten Welt zu nichts gebracht hat.[42]
Sie machte mich so unruhig wie das Beisammensein mit einem
Spiegel, der das Bild unmerklich in die Breite zieht; und ich
kränkte sie, indem ich jahrelang nicht nach Hause kam. Aber sie
schrieb mir alle Monate einen besorgten Brief mit vielen Fragen,
und wenn ich den auch gewöhnlich nicht beantwortete, so war
doch etwas sehr Sonderbares dabei, und ich hing trotz allem tief
mit ihr zusammen, wie sich schließlich gezeigt hat.

Vielleicht hatte sich ihr vor Jahrzehnten das Bild eines
kleinen Knaben leidenschaftlich eingeprägt, in den sie weiß Gott
welche Hoffnungen gesetzt haben mochte, die durch nichts
ausgelöscht werden konnten; und da ich dieser längst verschwun-
dene Knabe war, hing ihre Liebe an mir, wie wenn alle seither
untergegangenen Sonnen noch irgendwo zwischen Licht und
Finsternis schwebten.[43] Da hättest du wieder diese geheimnisvolle Eitelkeit, die keine ist. Denn ich kann wohl sagen, ich
verweile nicht gern bei mir, und was so viele Menschen tun, daß
sie sich behaglich Photographien ansehen, die sie in früheren
Zeiten darstellen, oder sich gern erinnern, was sie da und dann
getan haben, dieses Ich-Sparkassen-System ist mir völlig
unbegreiflich. Ich bin weder besonders launenhaft, noch lebe ich
nur für den Augenblick; aber wenn etwas vorbei ist, dann bin
ich auch an mir vorbei, und wenn ich mich in einer Straße
erinnere, ehemals oft diesen Weg gegangen zu sein, oder wenn
ich mein früheres Haus sehe, so empfinde ich ohne alle Gedanken
einfach wie einen Schmerz eine heftige Abneigung gegen mich,
als ob ich an eine Schändlichkeit erinnert würde. Das Gewesene
entfließt, wenn man sich ändert; und mir scheint, wie immer man
sich ändere, man täte es ja nicht, wenn der, den man verläßt, gar
so einwandfrei wäre.[44] Aber gerade weil ich gewöhnlich so fühle,
war es wunderbar, als ich bemerkte, daß da ein Mensch, solang
ich lebe, ein Bild von mir festgehalten hat; wahrscheinlich ein
Bild, dem ich nie entsprach, das jedoch in gewissem Sinn mein

Schöpfungsbefehl und meine Urkunde war. Verstehst du mich,
wenn ich sage, daß meine Mutter in diesem bildlichen Sinn eine
Löwennatur[45] war, in das wirkliche Dasein einer mannigfach
beschränkten Frau gebannt? Sie war nicht klug nach unseren
Begriffen, sie konnte von nichts absehen und nichts weit her-
holen; sie war, wenn ich mich an meine Kindheit erinnere, auch
nicht gut zu nennen, denn sie war heftig und von ihren Nerven
abhängig; und du magst dir vorstellen, was aus der Verbindung
von Leidenschaft mit engen Gesichtsgrenzen manchmal her-
vorgeht: Aber ich möchte behaupten, daß es eine Größe, einen
Charakter gibt, die[46] sich mit der Verkörperung, in der sich ein
Mensch für unsere gewöhnliche Erfahrung darstellt, heute noch
so unbegreiflich vereinen, wie in den Märchenzeiten Götter die
Gestalt von Schlangen und Fischen angenommen haben.

Ich bin sehr bald nach der Geschichte mit dem Fliegerpfeil
bei einem Gefecht in Rußland in Gefangenschaft geraten,
machte später dort die große Umwandlung[47] mit und kehrte
nicht so rasch zurück, denn das neue Leben hat mir lange Zeit
gefallen. Ich bewundere es heute noch; aber eines Tags entdeckte
ich, daß ich einige für unentbehrlich geltende Glaubenssätze nicht
mehr aussprechen konnte, ohne zu gähnen, und entzog mich der
damit verbundenen Lebensgefahr, indem ich mich nach Deutschland rettete, wo der Individualismus gerade in der Inflationsblüte
stand.[48] Ich machte allerhand zweifelhafte Geschäfte, teils aus
Not, teils nur aus Freude darüber, wieder in einem alten Land zu
sein, wo man unrecht tun kann, ohne sich schämen zu müssen.
Es ist mir dabei nicht sehr gut gegangen, und manchmal war ich
sogar ungemein übel daran.[49] Auch meinen Eltern ging es nicht
gerade gut. Da schrieb mir meine Mutter einigemal: Wir
können dir nicht helfen; aber wenn ich dir mit dem wenigen
helfen könnte, was du einst erben wirst, möchte ich mir zu sterben
wünschen. Das schrieb sie, obgleich ich sie seit Jahren nicht
besucht, noch ihr irgendein Zeichen der Neigung gegeben hatte.

Ich muß gestehen, daß ich es nur für eine etwas übertriebene
Redensart gehalten habe, der ich keine Bedeutung beimaß, wenn
ich auch an der Echtheit des Gefühls, das sich sentimental aus-
drückte, nicht zweifelte. Aber nun geschah eben das durchaus
Sonderbare: meine Mutter erkrankte wirklich, und man könnte
glauben, daß sie dann auch meinen Vater, der ihr sehr ergeben
war, mitgenommen hat.

Azwei überlegte. — Sie starb an einer Krankheit, die sie in
sich getragen haben mußte, ohne daß ein Mensch es ahnte. Man
könnte dem Zusammentreffen[50] vielerlei natürliche Erklärungen
geben, und ich fürchte, du wirst es mir verübeln, wenn ich es
nicht tue. Aber das Merkwürdige waren wieder die Nebenum-
stände. Sie wollte keineswegs sterben; ich weiß, daß sie sich
gegen den frühen Tod gewehrt und heftig geklagt hat. Ihr
Lebenswille, ihre Entschlüsse und Wünsche waren gegen das
Ereignis gerichtet. Man kann auch nicht sagen, daß sich gegen
ihren Augenblickswillen eine Charakterentscheidung[51] vollzog;
denn sonst hätte sie ja schon früher an Selbstmord oder freiwillige
Armut denken können, was sie nicht im geringsten getan hat. Sie
war selbst ganz und gar ein Opfer. Aber hast du nie bemerkt, daß
dein Körper auch noch einen anderen Willen hat als den deinen?
Ich glaube, daß alles, was uns als Wille oder als unsere Gefühle,
Empfindungen und Gedanken vorkommt und scheinbar die
Herrschaft über uns hat, das nur im Namen einer begrenzten
Vollmacht darf, und daß es in schweren Krankheiten und Gene-
sungen, in unsicheren Kämpfen und an allen Wendepunkten des
Schicksals eine Art Urentscheidung des ganzen Körpers gibt, bei
der die letzte Macht und Wahrheit ist. Aber möge dem sein wie
immer;[52] sicher war es, daß ich von der Erkrankung meiner
Mutter sofort den Eindruck von etwas ganz und gar Frei-
willigem hatte; und wenn du alles für Einbildung hieltest, so
bliebe es bestehen, daß ich in dem Augenblick, wo ich die
Nachricht von der Erkrankung meiner Mutter erheilt, obgleich
gar kein Grund zur Besorgnis darin lag, in einer auffallenden

Weise und völlig verändert worden bin: eine Härte, die mich
umgeben hatte, schmolz augenblicklich weg, und ich kann nicht
mehr sagen, als daß der Zustand, in dem ich mich von da an
befand, viel Ähnlichkeit mit dem Erwachen in jener Nacht hatte,
wo ich mein Haus verließ, und mit der Erwartung des singenden
Pfeils aus der Höhe. Ich wollte gleich zu meiner Mutter reisen,
aber sie hielt mich mit allerhand Vorwänden fern. Zuerst hieß es,
sie freue sich, mich zu sehen, aber ich möge die bedeutungslose
Erkrankung abwarten, damit sie mich gesund empfange; später
ließ sie mir mitteilen, mein Besuch könnte sie im Augenblick zu
sehr aufregen; zuletzt, als ich drängte: die entscheidende Wendung zum Guten stünde bevor, und ich möge mich nur noch
etwas gedulden. Es sieht so aus, als ob sie gefürchtet hätte, durch
ein Wiedersehen unsicher gemacht zu werden; und dann
entschied sich alles so rasch, daß ich gerade noch zum Begräbnis
zurecht kam.

Ich fand auch meinen Vater krank vor, und wie ich dir sagte,
ich konnte ihm bald nur noch sterben helfen. Er war früher ein
guter Mann gewesen, aber in diesen Wochen war er wunderlich
eigensinnig und voll Launen, als ob er mir vieles nachtrüge[53]
und sich durch meine Anwesenheit geärgert fühlte. Nach seinem
Begräbnis mußte ich den Haushalt auflösen, und das dauerte auch
einige Wochen; ich hatte keine Eile. Die Leute aus der kleinen
Stadt kamen hie und da zu mir aus alter Gewohnheit und
erzählten mir, auf welchem Platz im Wohnzimmer mein Vater
gesessen habe und wo meine Mutter und wo sie. Sie sahen sich
alles genau an und erboten sich, mir dieses oder jenes Stück
abzukaufen. Sie sind so gründlich, diese Menschen in der Provinz,
und einmal sagte einer zu mir, nachdem er alles eingehend unter-
sucht hatte: Es ist doch schrecklich, wenn binnen wenigen Wochen eine ganze Familie ausgerottet wird! — mich selbst
rechnete keiner hinzu.[54] Wenn ich allein war, saß ich still und
las Kinderbücher; ich hatte auf dem Dachboden eine große
Kiste voll von ihnen gefunden. Sie waren verstaubt, verrußt,[55]

teils vertrocknet, teils von Feuchtigkeit beschlagen, und wenn man sie klopfte, schieden sie immerzu Wolken von sanfter Schwärze aus; von den Pappbänden war das gemaserte[56] Papier geschwunden und hatte nur Gruppen von zackigen Inseln zurückgelassen. Aber wenn ich in die Seiten eindrang, eroberte ich den Inhalt wie ein Seefahrer zwischen diesen Fährnissen, und einmal machte ich eine seltsame Entdeckung. Ich bemerkte, daß die Schwärze oben, wo man die Blätter wendet, und unten am Rand in einer leise deutlichen Weise doch anders war, als der Moder sie verleiht, und dann fand ich allerhand unbezeichenbare[57] Flecken und schließlich wilde, verblaßte Bleistiftspuren auf den Titelblättern; und mit einemmal überwältigte es mich, daß ich erkannte, diese leidenschaftliche Abgegriffenheit, diese Bleistiftkritzer und eilig hinterlassenen Flecken seien die Spuren von Kinderfingern, meiner Kinderfinger, dreißig und mehr Jahre in einer Kiste unter dem Dach aufgehoben und wohl von aller Welt vergessen! — Nun, ich sagte dir, für andere Menschen mag es nichts Besonderes sein, wenn sie sich an sich selbst erinnern, aber für mich war es, als ob das Unterste zuoberst gekehrt würde. Ich hatte auch ein Zimmer wiedergefunden, das vor dreißig und mehr Jahren mein Kinderzimmer war; es diente später für Wäscheschränke und dergleichen, aber im Grunde hatte man es gelassen, wie es gewesen war, als ich dort am Fichtentisch unter der Petroleumlampe[58] saß, deren Kette drei Delphine im Maul trugen. Dort saß ich nun wieder viele Stunden des Tags und las wie ein Kind, das mit den Beinen nicht bis zur Erde reicht. Denn siehst du, daß unser Kopf haltlos ist oder in nichts ragt, daran sind wir gewöhnt, denn wir haben unter den Füßen etwas Festes; aber Kindheit, das heißt, an beiden Enden nicht ganz gesichert sein und statt der Greifzangen von später noch die weichen Flanellhände haben und vor einem Buch sitzen, als ob man auf einem kleinen Blatt über Abstürzen durch den Raum segelte. Ich sage dir, ich reichte wirklich nicht mehr unter dem Tisch zur Erde.

Ich hatte mir auch ein Bett in dieses Zimmer gestellt und schlief dort. Und da kam dann die Amsel wieder. Einmal nach Mitternacht weckte mich ein wunderbarer, herrlicher Gesang. Ich wachte nicht gleich auf, sondern hörte erst lange im Schlaf zu. Es war der Gesang einer Nachtigall; aber sie saß nicht in den Büschen des Gartens, sondern auf dem Dach eines Nebenhauses. Ich begann mit offenen Augen zu schlafen. Hier gibt es keine Nachtigallen — dachte ich dabei —, es ist eine Amsel.

Du brauchst aber nicht zu glauben, daß ich das heute schon einmal erzählt habe! Sondern wie ich dachte: Hier gibt es keine Nachtigallen, es ist eine Amsel, erwachte ich; es war vier Uhr morgens, der Tag kehrte in meine Augen ein, der Schlaf versank so rasch, wie die Spur einer Welle in trockenem Ufersand aufgesaugt wird, und da saß vor dem Licht, das wie ein zartes weißes Wolltuch war, ein schwarzer Vogel im offenen Fenster! Er saß dort, so wahr ich hier sitze.

Ich bin deine Amsel, — sagte er — kennst du mich nicht?

Ich habe mich wirklich nicht gleich erinnert, aber ich fühlte mich überaus glücklich, wenn der Vogel zu mir sprach.

Auf diesem Fensterbrett bin ich schon einmal gesessen, erinnerst du dich nicht? — fuhr er fort, und nun erwiderte ich: Ja, eines Tags bist du dort gesessen, wo du jetzt sitzt, und ich habe rasch das Fenster geschlossen.

Ich bin deine Mutter — sagte sie.

Siehst du, das mag ich ja geträumt haben. Aber den Vogel habe ich nicht geträumt; er saß da, flog ins Zimmer herein, und ich schloß rasch das Fenster. Ich ging auf den Dachboden und suchte einen großen Holzkäfig, an den ich mich erinnerte, weil die Amsel schon einmal bei mir gewesen war; in meiner Kindheit, genauso, wie ich es eben sagte. Sie war im Fenster gesessen und dann ins Zimmer geflogen, und ich hatte einen Käfig gebraucht, aber sie wurde bald zahm, und ich habe sie nicht gefangengehalten, sie lebte frei in meinem Zimmer und flog aus und ein. Und eines Tages war sie nicht mehr wiedergekommen, und jetzt war sie also wieder da. Ich hatte keine Lust, mir Schwierigkeiten zu machen und nachzudenken, ob sie die gleiche Amsel sei; ich fand den Käfig und eine neue Kiste Bücher dazu, und ich kann dir nur sagen: ich bin nie im Leben ein so guter Mensch gewesen wie von dem Tag an, wo ich die Amsel besaß; aber ich kann dir wahrscheinlich nicht beschreiben, was ein guter Mensch ist.

Hat sie noch oft gesprochen? — fragte Aeins listig.

Nein, — erwiderte Azwei — gesprochen hat sie nicht. Aber ich habe ihr Amselfutter beschaffen müssen und Würmer. Sieh wohl, das ist schon eine kleine Schwierigkeit, daß sie Würmer fraß, und ich sollte sie wie meine Mutter halten —; aber es geht, sage ich dir, das ist nur Gewohnheit, und woran muß man sich nicht auch bei alltäglicheren Dingen gewöhnen! Ich habe sie seither nicht mehr von mir gelassen, und mehr kann ich dir nicht sagen; das ist die dritte Geschichte, wie sie enden wird, weiß ich nicht.

Aber du deutest doch an, — suchte sich Aeins vorsichtig zu vergewissern — daß dies alles einen Sinn gemeinsam hat?

Du lieber Himmel, — widersprach Azwei — es hat sich eben alles so ereignet; und wenn ich den Sinn wüßte, so brauchte ich dir wohl nicht erst zu erzählen. Aber es ist, wie wenn du flüstern hörst oder bloß rauschen, ohne das unterscheiden zu können!

EXTRACTS FROM DIARIES AND NOTEBOOKS

The following pages reprint some short writings of Musil relevant to *Grigia* and *Die Amsel*.

The short sketch *Das Fliegenpapier* was first published in 1913. Following it are jottings mostly from the war period when Musil was in the South Tyrol; their 'reality value' is uncertain (see Introduction, p. 11 f.). The nightingale/blackbird experience occurred in Berlin in 1914, his mother's death in Graz in 1924. The sketch *Ein Soldat erzählt*, later incorporated in *Die Amsel*, has been uncertainly attributed to 1915/16.

Prosa, p. 450 f. (*Grigia*)

Das Fliegenpapier

Das Fliegenpapier Tangle-foot ist ungefähr sechsunddreißig Zentimeter lang und einundzwanzig Zentimeter breit; es ist mit einem gelben, vergifteten Leim bestrichen und kommt aus Kanada. Wenn sich eine Fliege darauf niederläßt — nicht besonders gierig, mehr aus Konvention, weil schon so viele andere da sind —, klebt sie zuerst nur mit den äußersten, umgebogenen Gliedern aller ihrer Beinchen fest. Eine ganz leise, befremdliche Empfindung, wie wenn wir im Dunkel gingen und mit nackten Sohlen auf etwas träten, das noch nichts ist als ein weicher, warmer, unübersichtlicher Widerstand und schon etwas, in das allmählich das grauenhaft Menschliche hineinflutet, das Erkanntwerden als eine Hand, die da irgendwie liegt und uns mit fünf immer deutlicher werdenden Fingern festhält.

Dann stehen sie alle forciert aufrecht, wie Tabiker, die sich nichts anmerken lassen wollen, oder wie klapprige alte Militärs (und ein wenig o-beinig, wie wenn man auf einem scharfen Grat

steht). Sie geben sich Haltung und sammeln Kraft und Über-
legung. Nach wenigen Sekunden sind sie entschlossen und
beginnen, was sie vermögen, zu schwirren und sich abzuheben.
Sie führen diese wütende Handlung so lange durch, bis die
Erschöpfung sie zum Einhalten zwingt. Es folgt eine Atempause
und ein neuer Versuch. Aber die Intervalle werden immer länger.
Sie stehen da, und ich fühle, wie ratlos sie sind. Von unten steigen
verwirrende Dünste auf. Wie ein kleiner Hammer tastet ihre
Zunge heraus. Ihr Kopf ist braun und haarig, wie aus einer
Kokosnuß gemacht; wie menschenähnliche Negeridole. Sie bie-
gen sich vor und zurück auf ihren festgeschlungenen Beinchen,
beugen sich in den Knien und stemmen sich empor, wie Menschen
es machen, die auf alle Weise versuchen, eine zu schwere Last zu
bewegen; tragischer als Arbeiter es tun, wahrer im sportlichen
Ausdruck der äußersten Anstrengung als Laokoon. Und dann
kommt der immer gleich seltsame Augenblick, wo das Bedürfnis
einer gegenwärtigen Sekunde über alle mächtigen Dauer-
gefühle des Daseins siegt. Es ist der Augenblick, wo ein Kletterer
wegen des Schmerzes in den Fingern freiwillig den Griff der
Hand öffnet, wo ein Verirrter im Schnee sich hinlegt wie ein
Kind, wo ein Verfolgter mit brennenden Flanken stehenbleibt.
Sie halten sich nicht mehr mit aller Kraft ab von unten, sie sinken
ein wenig ein und sind in diesem Augenblick ganz menschlich.
Sofort werden sie an einer neuen Stelle gefaßt, höher oben am
Bein oder hinten am Leib oder am Ende eines Flügels.

    Wenn sie die seelische Erschöpfung überwunden haben und
nach einer kleinen Weile den Kampf um ihr Leben wieder
aufnehmen, sind sie bereits in einer ungünstigen Lage fixiert,
und ihre Bewegungen werden unnatürlich. Dann liegen sie mit
gestreckten Hinterbeinen auf den Ellbogen gestemmt und suchen
sich zu heben. Oder sie sitzen auf der Erde, aufgebäumt, mit
ausgestreckten Armen, wie Frauen, die vergeblich ihre Hände
aus den Fäusten eines Mannes winden wollen. Oder sie liegen auf
dem Bauch, mit Kopf und Armen voraus, wie im Lauf gefallen,

und halten nur noch das Gesicht hoch. Immer aber ist der Feind bloß passiv und gewinnt bloß von ihren verzweifelten, verwirrten Augenblicken. Ein Nichts, ein Es zieht sie hinein. So langsam, daß man dem kaum zu folgen vermag, und meist mit einer jähen Beschleunigung am Ende, wenn der letzte innere Zusammenbruch über sie kommt. Sie lassen sich dann plötzlich fallen, nach vorne aufs Gesicht, über die Beine weg; oder seitlich, alle Beine von sich gestreckt; oft auch auf die Seite, mit den Beinen rückwärts rudernd. So liegen sie da. Wie gestürzte Aeroplane, die mit einem Flügel in die Luft ragen. Oder wie krepierte Pferde. Oder mit unendlichen Gebärden der Verzweiflung. Oder wie Schläfer. Noch am nächsten Tag wacht manchmal eine auf, tastet eine Weile mit einem Bein oder schwirrt mit dem Flügel. Manchmal geht solch eine Bewegung über das ganze Feld, dann sinken sie alle noch ein wenig tiefer in ihren Tod. Und nur an der Seite des Leibs, in der Gegend des Beinansatzes, haben sie irgendein ganz kleines, flimmerndes Organ, das lebt noch lange. Es geht auf und zu, man kann es ohne Vergrößerungsglas nicht bezeichnen, es sieht wie ein winziges Menschenauge aus, das sich unaufhörlich öffnet und schließt.

Tagebücher, p. 182 (*Grigia*).

Kleines Notizheft
ohne Nummer
[Spätestens 1916 — mindestens Ende 1918]
—

Einwaggonierung. Während langen Wartens entfernen sich unbemerkt bald die, bald jene Leute, abends ist ein großer Teil der Mannschaft angeheitert, einige total trunken. Der Brigadier, mit Stab am Bahnhof, hält eine Ansprache. In den Waggons lärmt eine Menagerie. Sonst brave Leute sind wie Tiere. Gütliches Zureden und Drohen hilft nicht. Wir lassen die Schiebetüren schließen. Innen wird mit Fäusten dagegen getrommelt. An

einigen Türen wird heimlicher Widerstand geleistet. Ober-
leutnant v. Hoffingott, der die Schließung durchführt, schreit
Hände weg und im Augenblick schlägt er schon mit dem Hirsch-
fänger gegen die heimlichen Hände ... Diese Bewegung des
Hirschfängers war unbeschreiblich. Wie eine Spannung sich in
einem Blitz entlädt, — aber ohne Blinken, Blitzen oder so —
etwas Weißes, Entscheidendes ...

Prosa, p. 657–660 (*Grigia*)

Zu kleinem Notizheft I

[Etwa 1915–1920]

3. VI. [1915?] Als man ihr sagte, komm ins Heu, schnob sie
heiter aus Nase und Augen. Bewegungen wie in der komischen
Oper.

[Zu: 4. VI.] Mädchen auf Esel, Bergweg hinanreitend. Leise
schaukelnde Bewegung des ganzen Oberkörpers. Sitzt im hölzernen Tragsattel, offenbar ohne Hosen. Die Beine unziemlich
hochgezogen.

6. VI. Die wartenden Frauen sitzen auf der flachen Erde mit
hochgestellten Beinen, orientalisch. Die schwindsüchtige ist weiß
wie eine wächserne Muttergottes mit schwarzem Haar. Sie ist
zärtlich und scherzt mit allen Frauen.

8. VI. Viele Frauen hier haben eine freie Freundlichkeit,
aufrechte Liebenswürdigkeit. «Treten Sie bitte ein» sagen sie,
oder «darf ich Ihnen nicht den Mantel tragen.»

Prosa, p. 658 (*Grigia*).

Will man sich von der Geschlechtlichkeit der Bauern eine
zutreffende Vorstellung machen, so muß man an ihre Art zu
essen denken. Sie kauen langsam, schmatzend, jeden Bissen
würdigend. So tanzen sie auch Schritt um Schritt und wahrscheinlich ist alles andere ebenso.

30. VI. Ankunft der Hunde. Paarweise oder zu dritt führen

sie die Soldaten an Stricken ohne Halsband. Es sind teure Jagd-
hunde darunter und kleine Hausköter, wie böse kleine Affen.
Von Zeit zu Zeit fällt irgendwo eine Gruppe übereinander her.
Manche sind halbverhungert, manche verweigern die Nahrung.
Ein kleiner weißer fährt dem Koch an die Hand, als er ihm die
Schüssel mit der Suppe hinstellen will, und beißt ihm einen
Finger halb ab. Rustan, der Hund des Hauses, läuft freundlich
beriechend von einer Koppel zur andren; bald bewedelt, bald
angeknurrt. Besonders von dem kleinen weißen, der ihm zur
Kehle hinaufknurrt; Rustan macht unschuldsvoll ängstliche
Augen und will doch nicht ganz auskneifen. Wir füttern sie mit
Fleischsuppe und wie rohem Fleisch in Menge; aber Brot, von
dem wir nur wenig haben, scheint ihnen besser.

Das Detachement wird von einem Kadetten herbeigeführt.

30. VI. Es gibt doch fortwährend Abwechslung. Zwei Soldaten
tragen einen Artilleristen, der von einem Pferd geschlagen wurde,
im Engerlsitz ins Marodenzimmer.

4. VII. $\frac{1}{24}^h$ morgens, es ist schon ganz hell, aber keine Sonne
da. Rinder liegen in der Nähe der Malgen auf den Wiesen, halb
wach und halb schlafend. Liegen in hübschen Stellungen. Man
bekommt eine bestimmte Vorstellung dieser dämmernden
Rinderexistenz. Beschießung des Werkes Monte Verena [Süd-
tirol] durch 30,5 Mörser gesehn. Wo das Geschoß einschlägt
steigt senkrecht eine Fontäne von Rauch und Staub auf, die oben
wie eine Pinie breit wird. Man hat ein neutrales Gefühl wie beim
Scheibenschießen. Ebenso, wenn man unten in der Val Sugana
italienische Patrouillen sieht und den Zug, der täglich Verpfle-
gung nach Gobo führt, oder ihre Schützengräben.

Um die österreichischen Werke liegen von der letzten Beschies-
sung die Granatlöcher hell wie Maulwurfslöcher.

Eine italienische Batterie schwerer Geschütze sucht mit Schrap-
nells unseren Mörser. Staubwolke in der Luft, kein anderer Eindruck. (Helle Rauchwolke.)

Arbeiten am Fabonti, gesicherte Wege: überraschend wie dieser Berg bezwungen wurde.

Feldmesse. Auf einer Kiste ein Heiligenbild und zwei Kerzen. Major findet diesen Vorgang irgendwie sentimental schön und fotografiert ihn.

Pferde unter der Portella [Paß zwischen Frawort und Schrumspitze] $\frac{1}{25}^h$ morgens. Zu dreien oder vieren an einen umgelegten Baum gebunden, schaun sie sich alle nach dem um, der vorbeigeht. Wirkt in dem Frühmorgenlicht. Beginn des Anstiegs um 3^h noch im Mondlicht.

Heumachen: von ferne seltsam zu beobachten.

Bergwiese. Das Heu ist schon gemäht und getrocknet, wird zusammengebunden und hinaufgetragen:

Das Mädel formt (allein auf der Wiese) auf alle Weise ein ungeheures Bündel Heu. Kniet sich hinein und zieht mit beiden Armen das Heu an sich. Legt sich — sehr sinnlich — auf den Bauch darüber und greift nach vorn und hinein. Legt sich ganz auf die Seite und langt nur mit einem Arm. Kriecht mit einem Knie hinauf.

Es hat etwas vom Pillendreher.

Endlich schiebt sie sich ganz unter das mit einem Strick umschlungene Bündel und hebt sich langsam hoch. Das Bündel ist viel größer als sie.

Bäuerinnen im Heu: Sie liegen ruhend darin wie Michel Angelos Statuen in der . . . [Mediceer-] Kapelle in Florenz. Wenn sie mit dir reden und ausspucken wollen, tun sie es sehr gebildet. Sie zupfen mit drei Fingern ein Büschel Heu heraus, spucken in den Trichter und stopfen das Heu wieder hinein.

Einer Bäuerin, die ich am Talweg überhole, ist ein Knopf des Leibchens aufgegangen. Durch den ovalen Spalt drängt der Bauch unter dem groben Hemd heraus.

27. VII. Ich stehe an einem Zaun und wickle mir die auf-

gegangenen Gamaschen neu. Eine Bäuerin geht vorbei und sagt: Laß er die Strümpf doch unten, es wird ja bald Nacht.

An extrige Sküß-Ausflüchte machen (excuse).

Ich frage nach einer sonderbaren Bäuerin, die etwas aztekisch aussieht [vgl. *Grigia*—p. 59]: «Die weiß nit, was sie sagt. Ein Wort hier, ein Wort über die Berge.»

3. VIII. [*s. Tagebücher*... S. 173/174] Vielmetti spricht mit einer großen Bäuerin, die aussieht wie eine deutsche Wittib [vgl. *Grigia*—p. 44]:

Bist du noch eine Jungfrau, ha sag!

Ja natürlich.

Du bist noch eine Jungfrau!!

(Lacht)

Sag!

Ha ha: Gewesen! (Und bläst ihm ins Gesicht)

Wenn ich zu dir komm, was krieg ich?

Was Sie wollen.

Alles, was ich will?

Alles!

Wirklich? Alles?

Alles! Alles.

[Zu: 22. IX.]

Wind in Kukuruzfeldern: Als wenn fortwährend etwas durchliefe. Wispern.

Nette Geste: Ich greife mit einem schmeichelnden Scherzwort einem Bauernmädel ans Kinn [vgl. *Grigia*—p. 44]. Sie faßt abwehrend meine Hand aber hält sie sinken lassend fest, mit einem Lächeln.

Granaten: Es ist wohl ein Heulen. Aber das eines starken — nicht orkanhaften Windes. Ein tonschwaches Pfeifen.

Prosa, p. 661–3 (*Grigia*).

ZU KLEINEM NOTIZHEFT OHNE NUMMER
[1916–1918]

Zensur [offenbar aus Soldatenbriefen]: [— — — — — — — —
— — — — — — — — — — — — — — — — — — — —]

Das Blaue am Himmel lassen wir lieber hübsch oben, damit es schön bleibt.

Die Leute reden und den Bach rinnen muß man lassen.

Gridscha müßte mit dem Eindruck der Berge von Pergine [bei Palai, am Eingang ins Fersental/Südtirol; vgl. «P.» in *Grigia*] aus anfangen. Mit diesem an der Grenze von Märchen sich stehen Fühlen eines sonst verläßlichen Menschen. Dann der Blick von Palai auf die sonnenbeschienene Floruzer [?] Talseite und der Weg mitten in der erdigen Schlucht. Dann der Kessel, dieses abgeschlossenen Reich.

Gridscha: Zu unserer Alm gehn. Welche Verzauberung.

Heustadl: Durch die Fugen zwischen den Balken strömt silbernes Licht ein. Das Heu strömt grünes Licht aus. Unter dem Tor liegt eine dicke goldene Borte.

Das Heu riecht säuerlich. Wie die berauschenden Getränke der Neger (aus dem Teig der Brotbaumfrucht und Speichel bereitet). Durch diesen Gedanken entsteht ein wirklicher Rausch. In der Hitze des engen, von gärendem Heu erfüllten Raums.

Das Heu trägt in allen Lagen. Man steht darin bis zu den Waden, zugleich unsicher und überfixiert. Man liegt darin wie in Gottes Hand, möchte sich in Gottes Hand wälzen wie ein Schweinchen. Man liegt schräg und fast senkrecht, wie ein Heiliger, der in einer Wolke zum Himmel fährt.

Die Geliebte hockt in einem Kartoffelacker. Du weißt, sie hat nur zwei Röcke an, die trockene Erde berührt ihr Fleisch. Nicht unangenehm und ungewöhnlich. Durch ihre schlanken rauhen

Finger rinnt trockene Erde. Das ist nicht die Magd, die mit 20 anderen Rüben erntet. Das ist die freie Bäuerin, die aus der grauen, ausgetrockneten Erde hervorgewachsen ist.

Tagebücher, p. 171–4 (*Grigia*).

KLEINES NOTIZHEFT I

[Etwa 1915–1920]

6. VI. — — —

In S. Orsola ist ein junger italienischer Standschütz zurück-geblieben. Die Patrouille bringt ihn ein. Da ihn der Major erst anbinden lassen wollte, holt ein Zugführer einen Strick. Schwingt mit ihm spielend hin und her, hängt ihn über einen Nagel. Der Bursche zittert am ganzen Körper, weil er denkt, daß er auf-gehängt werden wird.

30. VI. Hübsch, jedesmal wenn Pferde kommen. Stehn auf der Wiese, legen sich nieder. Gruppieren sich immer regellos in die Tiefe (wie nach einem ästhetischen Gesetz).

Ende Juli. Eine Fliege stirbt: Weltkrieg. Das Grammophon hat sich schon durch viele Abendstunden gearbeitet. Rosa wir fahrn nach Lodz, Lodz, Lodz. Und: Komm in meine Liebeslaube. Dazwischen manchmal tschechische Volkslieder und Slezak oder Caruso. In den Köpfen wolkt Traurigkeit und Tanz. Von einem der vielen langen Fliegenpapiere, die von der Decke herab-hängen, ist eine Fliege heruntergefallen. Sie liegt am Rücken. In einem Lichtfleck am Wachstuch. Neben einem hohen Glas mit kleinen Rosen. Sie macht Anstrengungen sich aufzurichten. Ihre sechs Beinchen legen sich manchmal spitz zusammengefaltet in die Höhe. Sie wird schwächer. Stirbt ganz einsam. Eine andere Fliege läuft hin und wieder weg.

14. VIII. Feu...er — Alles läuft in Deckung; hinter dem

Haus wird ein Stein gesprengt für den Bau der Kommando-
baracke. Ein Regen wischt mit den ersten Strichen naß über das
Gras. Unter einem Strauch am andern Bachufer brennt ein
Feuer. Daneben steht wie ein Zuseher eine junge Birke. An diese
Birke ist mit einem in der Luft hängenden Bein noch das
schwarze Schwein gebunden. Das Feuer, die Birke und das
Schwein sind allein. (Und eine lange Blutlache wie eine Fahne.)

Tagebücher, p. 187–8 (*Grigia*).

KLEINES NOTIZHEFT OHNE NUMMER
(Spätestens 1916 — mindestens Ende 1918)
—

Man glaubt immer, daß man im Angesicht des Todes das
Leben toller genießt, voller trinkt. So erzählen es die Dichter.
Es ist nicht so. Man ist nur von einer Bindung befreit, wie von
einem steifen Knie oder einem schweren Rucksack. Der Bindung
an das Lebendigseinwollen, dem Grauen vor dem Tode. Man ist
nicht mehr verstrickt. Man is frei. Es ist Herrlichkeit.

Geraldine Farrar: Ich möchte das einmal in meinem Leben beschreiben. Eine Stimme steigt in einen Lift, eine Frauenstimme
natürlich. Und schon fährt der Lift mit ihr wie rasend in die
Höhe, kommt an kein Ziel, senkt sich, federt in der Luft. Ihre
Röcke blähen sich vor Bewegung. Dieses Heben und Sinken auf
und nieder, dieses lang angepreßt still Liegen an einen Ton und
dieses Verströmen — Verströmen und immer noch von einer
neuen Zuckung gefaßt werden und wieder Ausströmen: ist
Wollust. Es ist jene allgemeine europäische Wollust, die sich
zu Totschlag, Eifersucht, Automobilrennen steigert — ah es ist
gar nicht mehr Wollust, es ist Abenteuersucht. Es ist nicht
Abenteuersucht, sondern ein Messer, das aus dem Weltraum
niederfährt, ein weiblicher Engel. Es ist die nie lebend verwirk-
lichte Wollust. Der Krieg.

Tagebücher, p. 168 (*Amsel*).

TAGEBUCH – HEFT 17
JOURNAL II
(Februar 1914–[August 1914])

Die Nachtigall: (Aber es war eine Amsel.) Nach ein Uhr fängt die Straße an ruhiger zu werden. Gespräche wirken als Seltenheit. Um zwei Uhr ist Lärmen und Lachen unten schon deutlich Trunkenheit, Späte. Gegen drei Uhr (im Mai) fängt der Himmel an, lichter zu werden. Ich lege mich schlafen. Hinter den grünen Vorhängen, den Spalten der grünen Rolladen ist Weißliches. Ich werde aus dem Halbschlummer erweckt durch etwas Näherkommendes ... Die Töne zerplatzen an den Fenstern wie Leuchtkugeln beim Feuerwerk. Wie man so liegt: erster Eindruck wie ein Märchen. Ein Zaubervogel, Himmelsvogel. Man meint, man muß nun an das Übersinnliche glauben; das gibt es also wirklich, sagt man sich, sogleich in dieser Zauberwelt heimisch wie ein Kind.

Tagebücher, p. 175 (*Amsel*).

KLEINES NOTIZHEFT I
(Etwa 1915–1920)

22. IX.

Das Schrapnellstück oder der Fliegerpfeil auf Tenna [Ort auf dem Rücken zwischen Caldonazzo-See und Levico-See]: Man hört es schon lange. Ein windhaft pfeifendes oder windhaft rauschendes Geräusch. Immer stärker werdend. Die Zeit erscheint einem sehr lange. Plötzlich fuhr es unmittelbar neben mir in die Erde. Als würde das Geräusch verschluckt. Von einer Luftwelle nichts erinnerlich. Von plötzlich anschwellender Nähe nichts erinnerlich. Muß aber so gewesen sein, denn instinktiv riß ich meinen Oberleib zur Seite und machte bei feststehenden Füßen eine ziemlich tiefe Verbeugung. Dabei von Erschrecken keine Spur, auch nicht von dem rein nervösen wie Herzklopfen, das sonst bei plötzlichem Choc auch ohne Angst eintritt. — Nachher sehr angenehmes Gefühl. Befriedigung, es erlebt zu haben. Beinahe Stolz; aufgenommen in eine Gemeinschaft, Taufe. — —

TAGEBUCH – HEFT 21
(1920–1924)

Tagebücher, p. 267–8 (*Amsel*).

Hinter einem Sarg: Merkwürdiger Zustand Tage nachher: Er kann objektiv ihre bösen Eigenschaften betonen, sogar einen boshaften Ausdruck unwillkürlich finden oder einen Scherz machen; ja, er findet sie bös; und im nächsten Augenblick stürzen ihm die Tränen aus den Augen.

Fürchterlicher Zustand: man möchte etwas Liebes tun oder sagen. Man will nicht begreifen, daß es nicht mehr möglich ist. Ich habe ja nicht Abschied genommen, es ist unabgeschlossen; es ist nicht für mich zu Ende, nur für sie. Die sie hinsiechen gesehn haben, sind vorbereiter; da ist eine Erlösungskomponente auch für sie.

Ich habe als Kind gebetet: «Unbekanntes höheres Wesen, mach mich und meine Eltern ewig leben.» Da ich als Mann nach langer Abwesenheit zu ihm einlenke und gebeten habe, gib mir ein Zeichen, läßt er sie sterben.

Subjektiv schien die Bitte Kraft zu haben, denn der Zustand dehnte sich, wurde stationär, mit Hoffnung auf halbe Besserung, bis plötzlich der Zusammenbruch kam. Objektiv sagt Dr. Mayer: wenn wir nicht die Insulininjektion gemacht hätten, wäre sie zwei Monate früher gestorben.

Prosa, p. 575–7 (*Amsel*).

EIN SOLDAT ERZÄHLT
[1915/16?]

Wir standen damals in einem toten Winkel der Front, die sich dort von der Cima di Vezzena an den Caldonazzo See zurückbog und über die zwei Hügel von Tenna und Colle delle Bene zu den Fassanerbergen hinauflief. Es war im Oktober; die Hügel lagen wie große welke Kränze unter unsren Füßen; die Schützengräben versanken in Laub; heroisch braun lag das Suganertal vor uns, von Gott wie ein Posaunenstoß geschaffen.

Ich denke aber dabei immer auch an spätere Nächte, als wir ganz unten im Tal eine vorgeschobene Stellung hielten. Mit Steinen hätten sie uns damals erschlagen können; wir konnten uns nicht rühren. Aber wenn ich mich etwas hob und die Nase über meine Schulter drehte, sah ich die Brentagruppe hellhimmelblau wie aus Glas steif gefältelt. Und in den Nächten waren die Sterne groß und wie aus Goldpapier gestanzt und flimmerten fett wie aus Teig gebacken und der Himmel war noch in der Nacht blau und die dünne mädchenhafte Mondsichel, ganz silbern oder ganz golden, lag auf dem Rücken mittendrin und schwamm in Entzücken. Und man ging nur in der Nacht spazieren, aber zwischen schwarzgrünen Bäumen wie im Gefieder von Nachtpapageien.

In solcher Landschaft war es. Ein Aeroplan glitt wunderbar mit ausgespannten Flügeln in der Luft. Die Unterseite seiner Tragflächen war in italienischem Rot-Weiß-Grün bemalt und die Sonne schien hindurch wie durch das Glasfenster einer Kirche. «Es hat mit Geist wenig zu tun», dachte ich mir, «das zu bewundern; aber wie schön ist es!» Im gleichen Augenblick, während ich gänzlich hingerissen hinaufstarrte, fuhr mir der Gedanke durch den Kopf, daß wir hier, eine Gruppe wie Rennbesucher beisammenstehender Soldaten, ein verlockendes Ziel dem Mann im Aeroplan bieten mußten. Im nächsten Augenblick hörte ich ein leises Singen. Aber natürlich kann es auch umgekehrt vor sich gegangen sein. «Er hat einen Pfeil abgeworfen», dachte ich mir, denn ein Schuß war es nicht; aber ich erschrak nicht, sondern wurde noch mehr verzückt. Ich wunderte mich bloß, daß niemand etwas hörte. Dann dachte ich, daß der Laut wieder verschwinden würde. Aber er verschwand nicht.

Wie er sich mir näherte und perspektivisch größer wurde, war es doch zugleich, als stiege etwas in mir ihm entgegen. Ein Lebensstrahl. Ebenso unendlich.

Denn es dauerte lange, sehr lange Zeit, während deren nur ich den Ton näher kommen hörte. Es war ein hoher, dünner, singender einfacher Laut, wie wenn der Rand eines Glases zum Tönen gebracht wird. Aber es war etwas Unwirkliches an ihm, weswegen er sich nicht beschreiben läßt. «Du hast ihn noch nie gehört», sagte ich mir. «Du wirst ihn auch nicht sobald wieder hören.» Ich habe mir nie etwas aus Gott gemacht und war stolz darauf gewesen, aber jetzt mußte mir irgendwann eingefallen sein, ohne daß ich es gleich merkte: so ist es, wenn Gott etwas verkünden will. Der Gedanke war da. Ich vermochte mich nicht zu regen. Der Laut war auf mich gerichtet. Ich erwartete ihn. Er wurde körperlicher, schwoll an, bedrohlicher. Ich fragte mich: soll ich warnen? Sollen wir in die Deckungen stieben wie Erdmäuse? Ich wollte nicht; mochte ich oder einer getroffen werden, ich war entrückt und auserlesen. Da begann auch für sie die Luft zu klingen. Vielleicht merkte ich, daß Unruhe über ihre Gesichter huschte und sich mit mir verständigte, ich weiß es nicht. Ich weiß nur, daß das Singen plötzlich zu einem irdischen Ton geworden war, zehn Fuß, hundert Fuß über uns, und erstarb. Mitten zwischen uns, mir zunächst, war etwas verstummt und von der Erde verschluckt worden, war zu einer unwirklichen Lautlosigkeit zerplatzt. Ich merkte jetzt, daß mich, ohne es zu wissen, alle ansahen; mit dem gleichen Blick, mit dem mich Monate später Frauen angesehen haben, als man mich auf einer Bahre aus einem Bahnhof trug. Mein Leib hatte sich zur Seite gerissen, ohne daß die Beine sich rührten, so daß er einen Halbkreis beschrieb und eine tiefe Verbeugung machte. Ich fühlte es erst, als ich wie aus einem Rausch erwachte. Ich weiß nicht, wie lange ich mir so ganz entglitten gewesen war; ich streckte mich; aber mein Herz schlug breit und ruhig, mit gleichmäßigen Schlägen wie eine Krähe durch den Abend fliegt; ich konnte auch nicht für den Bruchteil einer Sekunde erschrocken gewesen sein. «Ein Fliegerpfeil», sagte einer; «wenn der trifft, geht er vom Kopf bis zu den Sohlen.» Alle wollten ihn suchen, aber er stak, nicht dicker als ein Zimmermannsblei, metertief in der Erde. Ich haßte diese Stimmen, ich liebte dunkel den Feind; ein heißes Blutgefühl überströmte mich, ich glaube, daß ich am ganzen Körper errötete.

Tagebücher, p. 441 (*Amsel*).

TAGEBUCH – HEFT 33
Autobiographie
(Sommer 1937 — etwa Ende 1941)

(9) Es ist mir in der *Amsel* nicht gelungen, die Stärke meiner Mutter auszudrücken, die scheinbar in nichts bestand. Es wäre aber etwa mit [Kurt] Lewin zu sagen: starke Spannungen; es war oft ein hoher affektiver Druck hinter ihren Reaktionen, und dieser war in edlen und sympathischen Grundsätzen stabilisiert. Leider auch die Beute ihrer «Nervosität».

NOTES

Grigia

1. *Kuraufenthalt:* 'visit to a spa'.
2. *wie ein Stein . . . .:* 'like a stone into which water has seeped, gradually breaking it apart'.
3. *Fersenatal:* The localities in *Grigia* are real ones, and also appear in Musil's Notebooks, see p. 109 f. The river Fèrsina flows from the southern Dolomites into the Adige near Trento (German *Trient*) in South Tyrol (Venezia Tridentina), which with Venezia Giulia and Veneto makes up the state of Venetia. The main town in the valley is the market-town of Pèrgine. In the thirteenth century German miners (known locally as Mòcheni) settled in the upper part of the valley, on the left bank to the north-east of Pèrgine, where they worked the mineral deposits found there; these in fact were mainly of silver, but also included lead and copper, and were the most important in the area of Trento. The valley still retains traces of this German population, and before the First World War it was a stronghold of the Pan-German movement.
4. *P.:* Musil's whimsy in referring thus to Pèrgine, the town 12 km. above Trento (see note on Fersenatal above), perhaps adds a slight touch of traditional story-teller's mystery.
5. *verschlossen reich:* 'closed to the outside world because of its wealth'.
6. *Gewirr von Ranken:* 'tangle of tendrils'.
7. *Bogenlampe:* 'arc lamp'.
8. *Welk und Neu:* uninflected adjectives used as nouns; the normal use would be *Welkes und Neues*.
9. *Selvot:* a mountain above Pèrgine to the southeast.
10. *Almböden:* 'mountain pastures'.
11. *Polenta:* 'polenta', 'maize flour' (semolina-type).
12. *Druse:* 'druse': lump of crystals in rock.
13. *den Findruck, daß . . .:* 'the impression that something hotly awaited was hiding in this district beneath a surface that flickered with all the strange familiarity the stars sometimes have at night.'
14. *Sankt Orsola:* a church in the valley of the Fèrsina, some km. above Pèrgine.

15. *Bergrinne:* 'mountain gulley, rivulet'.

16. *Saumweg:* 'mule track', 'bridle-path'.

17. *Pfahldorf:* 'lake-dwelling'; prehistoric lake village on piles.

18. *die Gondeln von Sänften:* 'the cabins (in which one sits) of sedan-chairs'.

19. *Schroffen:* masc., dialect, 'crags'.

20. *gugelhupfförmig:* Gugelhupf is an Austrian cake made in a pastry mould (a hollow circle with a knob or cone—the *Kegel* of the preceding line—in the middle).

21. *Kar:* neut., dialect, 'gorge', 'hollow' (caused by glacier and used for grazing); basic meaning: 'pot', 'pan'.

22. *balzen:* 'mate'.

23. *Spielhahn:* 'blackcock'.

24. *Stolleneingang:* 'entrance to mine shaft'.

25. *Schürfversuch:* 'prospecting work', 'excavation'.

26. *Trägerkolonne:* 'column of bearers'.

27. *Faktorei:* 'workshop', 'depot'.

28. *manches Brauchbare für die Wirtschaft abfiel:* 'there were many useful pickings on the side'.

29. *vermochte auch ein alter Bauer . . . :* the *auch* indicates a cheery greeting, but the end of the sentence contains the first of several warnings of a possible threat in the valley's reception of Homo.

30. *tridentinisch:* the Bishops of Trento were particularly powerful in the sixteenth century.

31. *Bergknappe:* 'miner'.

32. *Wildbach:* wildly rushing stream, esp. one that has no special bed, but pours down the mountainside after heavy rain.

33. *Verwelschung:* 'italianisation'.

34. *durch Hausieren:* 'by peddling' (from door to door).

35. *uneinträglich:* 'unprofitable'.

36. *wußte noch mit der Kuh Bescheid:* 'still knew all about the cow'.

37. *Wollkittel:* 'woollen smock'.

38. *Einbaum:* 'dug-out' (canoe).

39. *Eisensteg:* masc., piece of iron shaped like the bridge of a musical instrument.

40. *mit geschultertem Rechen:* 'with rake on shoulder'.

41. *Wittib:* 'widow-woman' (especially in Austrian mountain dialect).

42. *Es war inzwischen Sommer geworden. . . . :* This paragraph is highly reminiscent of *Die Vereinigungen,* but the state it describes is now firmly put in its place by the context. See already the following paragraph.

43. *Schräge:* fem., 'slope'.

44. *Steckkamm:* masc., a comb, usually decorated, placed in the hair to keep it in position.

45. *Zwischen den Geheimnissen . . . .:* 'Here, among the mysteries of nature, their belonging together was just one more mystery'. Note the complete certainty of the (repeated) *es gab* which follows, introducing further, very personal mysteries.

46. *giftgrün:* 'poison-green'.

47. *daß er nicht umkehrte:* he did not turn back, return to his wife and child.

48. *verstrickt:* 'entangled', 'tied up'.

49. *Bohrung:* 'drilling'.

50. *mit dem Strick:* 'with the rope'.

51. *aufgeknüpft:* 'strung up'.

52. *Bergkessel:* 'mountain gorge'.

53. *Streiftrupp:* 'patrol'.

54. *Hausköter:* 'mongrel', 'watch-dog'.

55. *Malge:* fem., dialect, 'grazing land'.

56. *Violinschlüssel:* 'treble-sign', 'treble-clef'.

57. *Ein Regen wischte . . . .:* 'rain was just beginning to wipe wetly across the grass'.

58. *ohne Federlesens:* 'without ceremony', 'unceremoniously'.

59. *Kasino:* 'mess', 'clubroom'.

60. *ausspülen:* 'swill away'.

61. *rädern:* 'trundle'.

62. *Blechkarren:* 'tin cart'.

63. *Kartellträger:* 'second' (in duel).

64. *wenn sie auch keiner . . . .:* 'even if none of them had ever really lived (time)'.

65. *Einheitsmasse:* 'unit mass', 'uniform mass'.

66. *Ein so unbestimmtes Unbeschäftigtsein. . . . .:* The standard European concerns dominated the minds of those in the mess as much as of people elsewhere, but did not keep them so actively employed.

67. *'Rosa, wir fahr'n nach Lodz, Lodz, Lodz'* and *'Komm in meine Liebeslaube'* are popular songs of the 1914–18 era.

68. *zum Loslegen ausholte:* 'was preparing to start'.

69. *Trichter:* 'funnel', 'horn', (loudspeaker of early gramophone).

70. *äsen:* The pitiful humanness of flies comes through forcibly in *Das Fliegenpapier* too, cf. p. 107 ff.

71. *verschränkt:* 'clasped'.

72. *Wos, Teufi . . . .:* dialect for *Was, du Teufel, komm her.*

73. *letzte Instanz:* 'ultimate authority'.

74. *Gratlinie:* 'bone line'.

75. *schnalzen:* 'smack one's lips' (savouring).

76. *schmatzen:* 'make a noise while chewing', 'chew noisily'.

77. *Nos:* dialect for *Nase.*

78. *Schenken:* dialect for *Schenkel* (thigh).

79. *Tragt viel aus:* dialect for *es bringt vielen Ertrag.*

80. *geliegen han i an bißl ins Bett eini:* dialect for *ich habe mich ein bißchen ins Bett gelegt.*

81. *unter verschlafenen Augen:* 'sleepy-eyed'.

82. *I glock an bei ihm!:* dialect for *ich klopfe an bei dir!*

83. *i seh's ihm eini:* dialect for *ich sehe es dir an.*

84. *Sie gaben ihm aber . . .:* The sentence is reminiscent of parts of the second paragraph, p. 37.

85. *wie ein Schaukelschwung:* the little hill Homo sits on is raised high up and seemingly disconnected from the next one he is watching, as one high end of a swing seems disconnected from the other.

86. *Pillendreher:* colloquial for 'apothecary'; but here, as is pointed out, the word refers not to the *man* who rolls pills but to the beetle called *Pillenkäfer,* the dung-beetle or scarab of Ancient Egypt.

87. *Michelangelos Statuen:* The reference is to the four reclining figures of Night and Day, Dawn and Dusk on the Medici tombs in Florence.

88. *das Heu trägt in allen Lagen:* 'hay supports (one) in all positions'.

89. *Gamaschen:* 'leggings', 'puttees'.

90. *Guat; wenn man weg müass'n gehn:* dialect for *Gut; wenn man weg gehen muss.* The ambiguity lies in the leaving of the town and the leaving of life.

91. *das Meer der Wolken und der Menschen:* both now equally remote.

92. *Er trieb Grigia hinein:* like a cow?

93. *in ein immer enger werdendes Dunkel hinein:* cf. p. 38 f.

94. *Noch einmal . . . wie weich trockene Erde:* cf. p. 53 and p. 57.

95. *I bin von an Spektakl . . .:* dialect for *Ich bin von einer Verlegenheit in die andere gekommen; das Zurückkommen ist eben schwer. Spektakel,* masc., more frequently refers to a hubbub, rumpus, but is here used in a colloquial sense for trouble or 'a fix'.

Die Portugiesin

1. *Brixen* (Italian *Bressanone*)*:* town in province of Bolzano, South Tyrol.

2. *Matte:* 'mat' (of straw or coconut-matting).

3. *das gegen das Toben sich stemmende Auge . . .:* 'the eye, bracing itself to resist the roar, yet . . .'

4. *sich versippen:* 'enter into marriage ties'.

5. *Federwimpel:* 'pennant'.

6. *das Reichsgericht sprach ihnen ʒu Munde:* 'the Imperial Court sought to please them, gave judgement as they wished'.

7. *Mummenträume:* 'dreams in dumb-show', 'fancy-dress masquerade', 'mummery'.

8. *Wildfährte:* 'game-track', 'wild-animal track'.

9. *Widerfahrnis:* neut., 'was (jemandem) widerfährt', 'misfortune'.

10. *Mulde:* 'hollow', 'valley'.

11. *Schotter:* masc., 'gravel'; usually 'metal' (for making roads), 'ballast' (on railway line).

12. *Handstreich:* 'coup de main'.

13. *knausernd:* 'niggardly'.

14. *aufschneidende Ritter:* 'braggard knights'.

15. *dreinʒufahren wie ein Ochsenknecht:* 'charge in, intervene like a farm-hand'.

16. *da ging alles diesen Weg gewaltiger, Wunden schlagender Gebärden aus ihm heraus:* 'there burst from him a continuous stream of mighty, wound-inflicting gestures'.

17. *Faltenbäche:* 'streams made by the folds in the dress'.

18. *dingfest:* 'certain'; normally used only in the phrase *(jemanden) dingfest machen*—to arrest.

19. *Schleicher:* 'sly fellow'.

20. *wofür sich das Domkapitel . . .:* 'which loss the cathedral chapter made good at the expense of weaker and timider men'.

21. *schwankhaft:* 'like a comic turn'.

22. *geschliffenen: schleifen:* 'grind', 'polish', cf. *frischgeschliffen*, p. 80.

23. *sich ins Mittel legen:* 'intercede forcefully', 'step in'.

24. *Maurerʒirkel:* 'pair of (mason's) compasses'.

25. *wie ʒwei dünne aufeinandergeklappte Schälchen:* 'like two thin little bowls, fitted one upon the other'.

26. *Freitreppe:* 'unenclosed flight of steps.'

27. *die mit scholastischer Tünche überʒogenen Lümmel:* 'oafs covered with a thin veneer of scholasticism'.

28. *das tausendjährige Reich:* This refers to the expectation of a mil-lenniary reign of peace preceding the end of the world, which goes back to Rev. 20:2: 'And he [an angel] laid hold on the dragon, that old serpent, which is the Devil, and Satan, and bound him a thousand years. . . .'

29. *Bettstrohgeschichte:* 'bawdy story'.

30. *zum besten geben:* 'put forward', 'state', 'comment'.

31. *zerschabt:* 'worn out'.

32. *mit feinem Schnitt zu lösen:* 'terminate delicately'.

33. *Ab-Wesen:* 'absence', 'non-being' (neologism).

34. *brechen:* 'vomit' (colloquial).

35. *verdorren:* 'dry up', 'wither'.

36. *noch mußte oben einem Überhang nach der Seite ausgewichen sein:* 'there was still one overhang above, which had to be avoided (by going) to one side'.

37. *die keiner zum erstenmal findet:* 'which no one can find their way through the first time'.

38. *stöbern:* 'search absent-mindedly'.

Die Amsel

1. *Jugendfreundschaft:* denotes an adult relationship based on child-hood friendship, cf. paragraph 4.

2. *mit Ich anspricht:* The narrator apparently regards phrases like 'I am a fool' as addressed to one's (everchanging) self.

3. *ichig:* 'I-centred' egoistic (neologism).

4. *Institut:* 'boarding school'.

5. *indes der Rest . . . aufstand:* The doings of the majority of pupils in the body of the chapel is described in a subordinate clause incapsulated inside the main clause which introduces the description of the increasingly fringe-like activities of individual groups (so konnten . . . einzelne Gruppen hinten . . . spielen, . . . sich auf den Turm verziehen . . .), cf. Introduction p. 3.

6. *Kerzenteller:* the plate or shelf at the bottom or (presumably here) top of a candlestick which catches the dripping wax.

7. *sich unterfangen:* gen.: 'attempt'.

8. *Arbeiterbewegung:* 'Labour Movement'.

9. *bürgerlich auskömmlich:* 'tolerably well by normal middle-class standards'.

10. *Klassenkämpfer:* 'fighter in the class war'.

11. *Börsenmann:* 'stockbroker'.

12. *Versicherung auf Ableben:* 'life insurance'.

13. *wie den abgelaufenen:* 'like the one that had just come to an end'.

14. *ein ruhendes Traumgesicht:* 'a stationary vision'.

15. *durch etwas Näherkommendes:* Note that it is the abstract apprehension of something approaching that wakes him; what precisely the thing is only becomes apparent afterwards.

16. *umstülpen:* 'turn upside down' or 'inside out'.

17. *keine Plastik mehr, sondern etwas Eingesenktes:* 'no longer a piece of sculpture' (solid, occupying space, positive), 'but something let in' or 'set in' (like an engraving).

18. *schwarz zu durchfühlenden:* This unreal material could not only be seen through but also felt through.

19. *Es ist eine Nachtigall, was:* Transform of *Was da singt ist eine Nachtigall*, emphasizing that what was elusive before is now identified.

20. *in diesem steinernen Gebirge:* The streets of the city seemed inappropriate environment for a nightingale.

21. *unverzüglich:* 'immediately', 'unhesitatingly'.

22. *nachmachen:* Usually with dative of person imitated.

23. *in Übermaßen:* 'in extravagant proportions', 'more than life-size'.

24. *es über sich bringen, zu:* 'bring oneself to'.

25. *Sie war unberührbar für mich geworden:* 'she had become untouchable for me', i.e. I could have nothing more to do with her.

26. *Halte also . . . :* 'So make no mistake, my reason will not concede anything to your rationalism'.

27. *Cima di Vezzena:* It seems likely that Musil was thinking of the Cima di Vezzana, a mountain some 55 km. northeast of Lake Caldonazzo, which is itself just to the south of Pèrgine, scene of *Grigia*. The Austrian offensive against the Italians in Trento took place in the spring of 1916.

28. *Brentagruppe:* an impressive Dolomite group, some 35 km. northwest of Lake Caldonazzo.

29. *stanzen:* 'punch', 'stamp'.

30. *Feuerbereich:* 'firing zone'.

31. *wie ein Stein auf dem Menschen liegt:* 'like a weight on a man's heart'.

32. *schmale Luftrinnen zwischen befestigten Kuppen:* 'narrow air gulleys between fortified peaks'.

33. *Puderquaste:* 'power puff'.

34. *Tragflächen des Flugzeugs:* The wings of early aeroplanes were transparent.

35. *sich decken:* 'take cover'.

36. *Fliegerpfeil:* These 'aerial darts' were in fact tried out when aeroplanes were first used in the war, and Musil's diary records a historical incident, see p. 118 f.

37. *aber mochte ich. . . . :* 'but even if I or someone else was going to be hit'.

38. *Schnorrer:* 'beggar', 'cadger'.

39. *sich brüsten:* 'puff oneself up', 'boast'.

40. *mir zunächst:* 'closest to me'.

41. *darauf brennen, zu:* 'be burning (i.e. eager) to'.

42. *es in der weiten Welt zu nichts bringen:* 'to achieve nothing in the world outside'.

43. *wie wenn alle seither untergegangenen Sonnen. . . .:* 'as if all the suns which have set since then were still hanging suspended somewhere between light and darkness'.

44. *man täte es ja nicht. . . .:* 'one would not change, if the person one were leaving (i.e. one's earlier self) were all that unobjectionable (desirable)'.

45. *eine Löwennatur:* i.e. very strong.

46. *eine Größe, einen Charakter . . . die* (plur.) *sich mit . . . vereinen.*

47. *die große Umwandlung:* An ironic reference to the Russian Revolution of 1917, but the irony (here and in the following sentences) applies not only to A2's earlier involvement but also to his later detachment.

48. *wo der Individualismus gerade in der Inflationsblüte stand:* In the wild inflation of 1922–24 it was a case of every man for himself; entrepreneurs sometimes did very well.

49. *manchmal war ich sogar ungemein übel daran:* 'sometimes I was even in an uncommonly bad way'.

50. *das Zusammentreffen:* 'conjuncture'.

51. *eine Charakterentscheidung:* A2 has stated that emotionally his mother wanted to go on living. Now he dismisses the idea that her dying could have been an act of deliberate self-sacrifice testifying to strength of character.

52. *Aber möge dem sein wie immer:* 'but however that may be'.

53. *nachtragen:* 'bear a grudge'.

54. *hinzu:* 'to the family'.

55. *verrußt:* 'sooty', 'dirty'.

56. *gemasert:* 'speckly'.

57. *unbezeichenbar:* 'unidentifiable'.

58. *Petroleumlampe:* 'paraffin lamp', 'kerosene lamp'.